生命之书 / 06

《禅者的初心》续集

禅者的初心

2

［日］铃木俊隆 著
蔡雅琴 译

海南出版社
· 海口 ·

目　录

“这就是佛所教示的秘密。也许是如此，但不总是如此。不被文字或规则所拘束缠缚，也没有许多预设的成见，我们真实地做一些事情；而且经由实际从事某些事，应用了我们的法教。”

“即使在我们不完美的修行中，开悟就在那里。我们只是不知道罢了。所以，重点是，在证得开悟之前，发现修行的真正意义。不论你在何方，开悟即在当下。如果你在所在之处，当下站立起来，那便是觉悟。”

译者序

铃木俊隆禅师二三事

1959 年 5 月，铃木俊隆禅师抵达美国旧金山机场的时候，已经 55 岁了。他曾自言：“当我来到美国时，我没有任何的主意和计划。”然而，为什么一个年过半百的、在故乡有一定信众和学生的住持僧侣，要千里迢迢地到异乡的国度，向金发碧眼的洋人从头开始地传法呢？驱策他的强大动力，既非名利，亦非舒适享受，那么，为什么他要胼手胝足地教导这些毫无基础的外国人念诵《心经》、打坐经行、持守戒律以及禅之道呢？

我们从铃木禅师生平的蛛丝马迹中，或许可以看出一些端倪。在日本时，作为一名地方上的寺院主事者，他有做不完的法事——然而，那却不见得是与真实的修行密切相关的。他是一个极为真挚、豁达的人，经历过极为伤痛的人生苦难——一个曾经体会生命之深度的人，是渴望与另外的真心深切地共鸣的。六祖慧能说："人虽有南北，佛性无南北。"自古以来，有多位超越时空藩篱的心灵导师，在人类的文明史上，无有疆界地闪烁着恒久的光辉，他便是其中的一位。

铃木禅师说："人类的命运，是痛苦。"他亲身经历两次世界大战等世间种种的悲惨情景，那是由于时空的大环境所致。他亦经历过二度丧妻之痛——第一任妻子，因肺结核而离开了他（在20世纪40年代，肺结核等同于绝症）；第二任妻子，惨遭疯狂寺僧的砍杀而身亡（他的小女儿，因母亲的意外而精神失常）。但是，当我们见到这位谦虚、温和、平实甚至平凡无奇之长者的微笑和幽默风趣的讲法时，这一切生命的刻痕，丝毫不显。然而，当禅师开示说"万事总是变迁流转，所以没有你可以拥有的事物"，他所意味的，实在是从他的肺腑里、血泪中，流出来的结晶啊！

在那嬉皮的年代，铃木禅师却打开他的心，接纳、度化那些邋遢、不修边幅却有着炽热求法之心的弟子。另一个从事着同样历史性工作的人，是晚他十年到达西方的邱阳·创巴仁波切（1939～1987）。创巴仁波切和铃木俊隆禅师的相遇，约在1970年。之前，铃木禅师已读过创巴仁波切的《动中修行》，并对年轻的创巴仁波切深表钦佩。

两人一见如故，铃木禅师邀请创巴仁波切至中心演讲；创巴仁波切称铃木为“精神上的导师”，铃木告诉创巴仁波切：“你犹如我的儿子。”他们皆离乡背井，历经苦难，却忘记一己的种种艰辛，弘扬佛法于异地之无量众生；虽然年纪、教派上甚有差距，然其修行精神的一脉相传，正如父子。他们的学生互相学习彼此的教法，虽然风格上，两位大师有天渊之别，但是铃木禅师深深了解创巴仁波切。他曾经这样谈到创巴仁波切：“你也许会批评他，因为他喝酒像我喝水一样，但那是一个次要的问题。他完完全全地信赖你。这种伟大的精神——不执着于某些特定的宗教或修行的形式，是人类所真正必需的。”

根据铃木禅师弟子的记述，当禅师圆寂之后，创巴仁波切给予禅中心的弟子开示，他说：“你们失去了一个美好的师父，而我丧失了一个最亲爱的朋友。”然后，创巴仁波切开始不可遏抑地、不停地啜泣。他哭得那么伤痛，像是要哭出血来。所有在场的禅众都禁不住泪流满面，哽咽不止。

人类的心，没有沟通的界限。“德不孤，必有邻。”千古闪烁的智慧之光，交会时互放的光亮，只有让我们这些无缘得见其景、但闻其声的后人，缅怀追想不已。

禅师诙谐睿智，妙语如珠，摄受美国弟子无数。他们师徒间的对话，读来如当代的“禅门骊珠”，会心幽默，又使人莞尔捧腹。有一次，一个学生问铃木禅师，为什么日本人的茶杯做得这么纤细精致，很容易被大剌剌的美国人打破。禅师回答：“不是它们做得太纤细，而是你不知道如何掌握它。你必须因应情境来调整自己，而非要环境来配合你。”

又有一次，禅师的一个学生觉得非常灰心丧气，因为他所经验到的深刻禅修体验总是转瞬即逝。“有什么用呢？”那名弟子说。

铃木禅师笑了，并回答：“是的，的确无用。所有这些经验是来来去去的，但是，你可以继续你的修行；你会发现，在那些经验的底层之下，还有其他的。”

本书的译成，要深为感谢大卫·查德卫克（David Chadwick），他是《弯曲的黄瓜——铃木俊隆的生平及禅法》（*Crooked Cucumber: The Life and Zen Teaching of Shunryu Suzuki*）的作者，铃木禅师的主要弟子之一。由于他的大力帮忙，我能与铃木俊隆禅师的儿子乙宥联络上，因此能对其家人的汉字名有正确的翻译。同时，他亦慨然应允，让我使用他数本书中的传记资料，作为介绍铃木禅师的主要文字。他对禅师的虔敬与纪念之心，令我敬佩无比。我还要向著名佛教学者杨曾文教授、禅学者安迪·弗格森（Andy Ferguson）、奥村正博禅师（Shohaku Okumura），中华佛学研究所的陈秀兰女士、许书训老师，献上我诚挚的谢忱。他们在禅门用语上的建议，以及我的朋友黄盛璘与黑田纪子（Noriko Kuroda）在日文中译上的协助，使这本书尽可能做到确切无误。更要感谢海南出版社推出这本《禅者的初心》续集。因众缘成就，此书方能顺利完稿，与读者见面，一切尽在不言中。

禅师说："日面佛，月面佛。"对他而言，人生寿命的长短，或如逾千年的日面佛，抑或一日夜的月面佛，那都已经不是问题。他只是踏实地活在当下、此处，做他自己的主人，与万物为一。

只是这样过着纯净、承受、温实，却又悠游自在、光灿丰足的一生啊——

斯人已往，怀思无尽。

让我们，

只管打坐。

蔡雅琴

2007年于纽约

当禅师开示说“万事总是变迁流转，所以没有你可以拥有的事物”，他所意味的，实在是从他的肺腑里、血泪中，流出来的结晶啊！

前　言

一直与你同在

铃木俊隆禅师（Shunryn Suzuki Roshi）逝世于1971年12月4日。他在塔撒加拉山禅修院的学生们，从12月1日起，一直在进行一个密集的禅七接心；而旧金山禅中心铃木禅师弥留之处，则于12月4日清晨五点开始打七。当他的学生们安顿于禅堂中行坐禅（zazen）的第一炷香时，楼上，在他所遴选的法嗣理查德·贝克（Richard Baker）禅师、他的妻子蜜子[1]（Mitsu）和儿子乙宥（Otohiro）的陪伴下，铃木俊隆大师离开了人世。他一直等到大多数的学生都开始打坐，而且连续打坐数日后才去世。这便是他的临别赠礼。

1　铃木禅师的第三任妻子Mitsu，在此翻译为“蜜子”，是音译，日文。经与铃木禅师的儿子乙宥确认后，Mitsu原名无汉字（Kanji），只有平假名（Hiragana），取其音。

数百人集聚在禅中心参加告别式。第二天，大约有80人，一齐前往叩马墓园(Colma)向禅师作最后的道别。灵柩火化之前，我们举行了一个仪式：在其他人的梵呗唱诵声中，每个人在灵柩上放置一朵红色玫瑰花。我被每个人皆是如此深深挚爱着铃木禅师所感动。不管是什么样的感觉——平静、悲伤、惊恐、骄傲或沮丧——也许是其人的性格表征，但他们伸展手臂，放下鲜花的动作，却都盈溢着满满的爱。那是禅师另一件临别的礼物。

铃木俊隆禅师的第一本著作《禅者的初心》(*Zen Mind, Beginner's Mind*)，使禅师的"初心"一词——作为觉悟的隐喻，一种存在鲜活的范例——变得通俗普及。然而我们应该继续寻求发现，不要固着于已知的一切："初学者的心中，充满各种的可能性；在老手的心中，只有少许。"三十年后的今天，《禅者的初心》仍然是世界上最畅销的佛教书籍之一。现在我们从他的演讲中编辑了更多的篇章，取名为《禅者的初心2》(原英文书名直译为《并非总是如此》，简体中文第一版名为《禅的真义》)，旨在将禅师简单却深奥的教示分享给诸位。他说："这教法，只专为你而说。"也许当你在道上前行的时候，会感受到铃木禅师在你生命里的显现存在：他像是一位有智慧、暖心肠的朋友，在黑暗里不被看到的一个同伴。这便是他的开示所提供给我们的机会——去唤起我们自己心中的老师，你内在觉醒的心性："你即是佛，你也是平常心。"

对任何一位老师，特别是对一位禅师而言，最困难的莫过于以"无所教"来教导。铃木禅师说："如果我告诉你什么，你会对其有所执着，从而限制了你自己去发现的能力。"但是，亦如片桐大忍禅师[1]说过的："你必须有所教导。"因为如果老师不作任何开示，学生会徘徊不知所终，沿袭执取他们向来的习性。所以有一种诱惑，要去显观明睿的智慧，给予学生答案，但那将落得如谚语所说的："在好好的肌肤上挖凿一个伤口。"其后，与其信任自己，学生反而一味地转向老师求取更多的教导，而老师惊叹于为什么学生这么匮乏无智、领悟迟钝。但是，在那些不给予我们某物去执着的老师面前，我们可以感受到自己的觉醒。我们将会怎么做呢？这被称为"自由"或"解脱"——我们深切地仰赖自己——深奥地与万物相联结。

1　片桐大忍禅师（Dainin Katagiri Roshi，1928～1990），早年受教于永平寺桥本禅师（Eko Hashimoto），曾担任铃木俊隆禅师晚年禅中心的指导教师多年，后为明尼苏达禅中心的住持，是弘扬禅宗于西方的著名禅师。他指出，每个片刻都是我们了悟真心本性的机会，生活中必须秉持着禅修之"只管打坐"的精神，全心全意专注于此刻。请参阅法鼓文化出版的《不得不说的禅》。

很有可能，铃木禅师奋力挣扎以英文来说法，使他的开示更具有生气活力。例如，他真的意味着要说“事事如其本然”吗？是否那仅是一不恰当的英文语法，或是一个真实的教示？此一表达，在本书中出现了许多次，指出这是他的一种教导。那么，他的教导究竟是什么？我们越想确定它，它就变得越难以捉摸。然而，身为禅师的弟子和学生，一个求法者，我们总企图去看看自己是不是“得到它”了。我们能够表达它吗？能够说明它吗？哪些言语文字能使我们的生命转向觉悟的方向？帮助众生的方向？

“开悟”能帮助我们吗？铃木禅师以为，针对某一特别的体验来修行，臆想这体验将永远改变我们的人生，不过是“一个错误”，如同“观光旅游般的修行”。但是他却不认为无须开悟。对此，他说的是：“忘记此刻，生入下刻。”他又说：“不管你在何方，开悟即在当下。”那么，我们要如何来体验它呢？

铃木禅师不断提及的一件事，便是“只管打坐”，此语也被描述为“不压抑，亦不放纵思想念头”。禅师用许多不同的方式来表现、传达它的意思，如：“活在每一当刻”或“完完全全地吐气净尽”。这是那种可以解释不完却又没有解释什么的表达；肯定地，如果你突然停顿，设想是否“这”就是“只管打坐”，那可能不是正确的答案。就一方面而言，“只管打坐”指出了是“此”而非“彼”，如同“完完全全地吐气净尽，消融于空之中，是为只管打坐”。因此，是吐气，而不是吸气，消融而非显现。就另一方面来说，它点明了“不分别”的境界。“活在每一当刻”即为“充分完全地表达你自己，展现你本然如是”。也许，我们可以视这“充分完全”为另一种形式的消融，一个完足的、涵容一切事物的存在。一方面是清净这颗如猿猴般的妄心，另一方面是觉悟、实现自己，使之成为“真实”。所以，我们如何能确认“只管打坐”的状态呢？我们应该矢志去达成它吗？禅师说：“站在大地上，站在空上。”“只管打坐，只是成为我们自己。”

禅师的教导方式是难以揣度的，他的教法不执着于任何一物或任何一种方式。以下是几个典型的故事。

有一天，铃木禅师要我坐在他的正前方，并对我说：“这样当你打瞌睡、开始点头的时候，我可以马上注意到，站起身来给你打香板。”他会使用短木香板，而我便会警醒过来。至少有一小段时间，我的心和周遭氛围会变得清明、静止、安宁，然而同时又是充满生气、觉照的。对他如此关心我，从禅修中起座来打我香板，我觉得很荣幸。我于是坐直身子，小心警醒着，大约 30 分钟之后，又再度昏沉入睡。而禅师与香板总会再度出现，一阵香板打过之后，禅师说："你应当试着去找像你一样真诚恳切的人。"

所有杂念都霎时消散。禅师在连续拍打两下香板之前，他先暂时地把香板轻放在我们右肩靠颈之处，而我们合掌，鞠躬，身体略向前倚，头倾左侧。在他打过右肩之后，我们便把身体向右倾，以接受左肩处的拍打。香板落下时，是难以置信地迅捷、可惊的，这并不是指对肉体上的恫吓威胁，而是指在时间上无法预期算计，所以没有任何的思想、觉受或感触可与之相匹。比起强迫你，使你了解，这更像是敲掉你脚底下的楼板。或许会让人觉得有点心神不宁，但从另一方面来说，却也让你更为落实。在短暂的片刻里，我们可以体会到从万物中解脱自由之感，一种宽阔广大的感受。禅师说，"不要执着于任何事物，甚至连真理也不要执""当你修行时，如同这是你生命的最后一刻来修行，你会自一切中解脱"。迟早会想要摸索着去攫取什么，专注于什么，做些什么，于是各种事物再度显现——总有些事物是来让我们处理的、分神困扰的。怎么样了呢？

有些时候，当我挣扎着要安坐，铃木禅师会把他的手稳稳地放在我的肩膀上，反复地抚摸该部位。我的呼吸于是变得柔软、轻缓下来，紧张纾解了，而我的肩膀开始散发着暖热和活力。有一次我问他，在他把手放在我的肩部时，到底做了什么。他说："我正和你一起打坐。"

像这样地被碰触着，是非常罕有的经验，那是一种接纳、开放，又含有慈爱的敬重与顾虑。大多数的碰触显示着："去那里"或"来这里"，"坐直"或"静下来"。这般的碰触则说："我在这里，与你同在，不管你处于何等情态，我愿意接触任何的状况。"那，便是他禅修的精神，他的教法精神。"与一切共坐；与一切合一。"无数的人被铃木禅师的行仪和教诲所触动，以我们每个人自己的方式，对他的仁慈和正直的顾念，以及他与我们一起打坐，做出回应。

另外一个不同的例子是，在与禅坐时非出于意愿的气动现象奋斗了数个月之后，我最后决定"跟着动"，而不以"控制它"去止息我身体的摇摆。一炷香间，我多在做着涡旋状的转动，感受到一股能量从脊椎底部盘旋上升。在止静前十分钟，我耳边突然响起禅师的语声："修习经行（kinhin）。"我觉得被打扰了，他要我经行，但其他人都在禅坐之中，所以我小声地回话："你说什么？"但他只简单地说："修习经行。"所以我站起身来，用那炷香剩余的时间来做经行，我多多少少静定了一些。

后来，我向他请示。因他从未在打坐期间要我修习经行，所以我想也许“随动而动”不是应做之事。我告诉他，我不再试着去抑制我的摇摆，我决定要“跟着动”，看看我能发现什么；但那天早上，我第一次这么做的时候，禅师要我做经行。所以，是要去发掘我的晃动呢，还是再回到压抑它的老路子好呢？“喔，”禅师回答，“尝试去发现有关你的气动，是件好事，我不知道那是你当时在做的。那没有问题。”一阵轻松感流灌我的全身，我想：“是的，我可以修行，我可以体会它。”

在此，我将让你自己，以你自己的方式，去探察铃木禅师教法的广度和范畴，去会晤他的坚毅和猛烈、他的虔敬和温柔、他的智慧和幽默。我们可以不时地提醒自己，我们对禅师和他法门的种种说法，只是在说明自己。我们其实都是不平常的人，拥有不平常的生命，每天有无数个机会来修行开悟，或去启发我们的修行。让我们不要忘记“最重要的一件事”，这是禅师常说的一句名言。虽然我们从来不知道如何遵循这句话，但它依然吸引着我们的注意力，使我们端坐并记住——“最重要的一件事”，现在所能想到的，“是能够享受你自己的生命，而不被万象所愚弄。”

愿一切众生快乐、健康，自痛苦中解脱！

愿一切众生活在平安、和睦之中！

寿山海宁

（爱德华·艾思比·布朗）

2001年5月写于加州菲尔法克斯

禅师说，“不要执着于任何事物，甚至连真理也不要执着”“当你修行时，如同这是你生命的最后一刻来修行，你会自一切中解脱”。

第一部

只管打坐：静心体悟佛性之美

“当我们不期待任何事，

我们便可以成为自己。

这就是我们的坐禅之道——

去完完全全地活在每一当刻之中。”

你过何种生活并不重要，最重要的是欣赏并享受你的生命而不被事物的外相所迷惑。

初心

让你的心进入全然完美的宁静状态

“心的宁静超越了你呼气的尽头，所以如果你的出息平顺，不试图硬要呼气出去，你就在进入心全然完美的宁静状态。”

“只管打坐”——我们的坐禅，只是做我们自己。当我们不期待任何事，便可以成为自己。这就是我们坐禅之道——完完全全地活在每一刻之中，这样的修行能永久持续。

我们说，每一刻似乎很短，但当你真正修行的时候，每一刻又显得太长了，因为在那一刻中，你的心已经在追随呼吸的起伏。所以我们说：“即使在弹指之间，亦含有百万个瞬间。”这样我们就能强调那种存在于每一瞬息片刻的感觉，于是你的心非常安静。

因此，每天花一段时间，修习只管打坐，不妄动，不期待任何事，如同你正处在生命的最后一刻。每一刹那，你体会到那临终一刻之感。在每一次的吸气和呼气之间，有不计其数的瞬间，而你的意图是活在每一个瞬间。

首先，练习让呼气平稳流畅，然后让吸气平稳流畅。心的宁静超越了呼气的尽头，所以如果你的呼气平顺，不试图硬要呼气出去，你就在进入心全然完美的宁静状态。你不再存在。当你这样呼气，自然地，你的吸气会从那里开始。你体内新鲜的血液，被从外带来所有的养分渗透、充满你的全身；你彻彻底底地充电了一番。然后你开始呼气，将那份清新的感觉延展到“空”中。因此，一刻接着一刻，不需努力去做任何事，你持续“只管打坐”。

彻底完全地“只管打坐”也许是困难的，因为当你结跏趺坐时，会有一些来自双腿的疼痛不适之感。但是虽然双腿疼痛，你还是可以继续打坐；虽然你的修行不够好，还是可以只管打坐。你的呼吸会逐渐消散，你会逐渐消散，泯灭到“空”里。吸气时毫不费力，你自然地带着一些颜色或形象，又回到自己的意识。呼气，你渐渐泯灭到“空”中——空无，如同白纸。这便是“只管打坐”。重点在你的呼气。与其试着在吸气时感受到自我的存在，不如以呼气时消失到“空”中来取代。

当你在临终前最后一刻修习此一法门，就没有什么可以害怕的了。事实上，你的目标是空性。在你以这种感觉完完全全地呼气之后，你与万物合一。如果你还活着，很自然的，你会再度吸气。“喔，幸或不幸，我仍然活着！”然后你又开始呼气，消融到空中。或许，你不知道那是怎样的感受，但有些人知道。某些时刻里，你一定感受过这种感觉。

当你如此修行，会很难轻易地就发怒。若你对吸气而非呼气感兴趣，你会一下子就被激怒。你努力尝试着要生存。几天前我的一个朋友心脏病发作，他当时唯一能做的事只有呼气，他不能吸气。他说，那真是一种可怕的感受。在那一刻，如果他可以像我们这样修习呼气，把目标针对空性，或许就不会感觉那么糟糕。出息，而非入息，是我们极大的愉悦。当时我的朋友不断试着吸气，他以为再也不能吸气了；若他能够平顺、完全地把气吐出去，我想，另一个吸气会自然地随之生起。

观照出息是非常重要的。死亡比努力求生更为要紧。当我们总是尽力挣扎着要存活，我们会有麻烦。比起试着要活下去或保持活动，若我们能平静地死亡或消散到空之中——自然而然地，我们会没事。佛陀会护佑我们。因为我们离开了母亲的怀抱，便觉得不再像是她的儿女；然而，消融到空里，感觉上就像回到母亲的怀抱，仿佛她将照顾我们。在每一刻，都不要失去“只管打坐”的修行。

许多个法门的修习，都包含在这一要点中。当人们诵念“南无阿弥陀佛，南无阿弥陀佛”，他们皆想要成为阿弥陀佛的子女，那就是为什么他们不断称念阿弥陀佛名号的原因。坐禅亦同。倘若我们明白如何“只管打坐”，而他们知道如何念诵弥陀名号，那不会是不同的。

所以我们拥有愉悦，我们是自由的。我们感觉能够自由地表达自己，因为我们准备就绪，随时能消融到“空”中。当我们试着要有所作为，要显得特别，要达成什么目标，便不能真正表达自己。渺小的自我会被表达出来，但宏大的自我本性不会自“空”中显现。从空性中，只有极大的本性显露，这就是“只管打坐”，知道吗？如果你真的尽力去尝试，它不是那么困难的。

初心

唯有去做，才能充分地表达自己

“以为表达自己最好的方式，是为所欲为，毫无顾忌，其实是一个很大的错误。这不是表达自己。如果你确切地知道该如何做，并且实际去从事它，你才能够充分地表达自己。”

当你完全地活在每一刻，毫无任何期许，你不知有时间的存在。当你涉入时间的概念——今天、明天或明年，你就会开展“自私的修行”。各式各样的欲望开始淘气地作怪。你也许开始想要剃度，或开始担心下一步将是什么。试着要成为另外一个人，你忘记了修行，也失去了功德。当你忠实于定位或工作，你真实的存在就在当下。这是极为重要的一点。

没有任何对时间的概念，你的修行便能持续不断。一刻一刻地，你成为自己。这种修习并不简单，甚至不能在一炷香的禅坐中做到，你需要竭尽心力地修习。然后，你可以扩展这种感觉到每一刻中。最后，能延伸到你每天的日常生活里。

扩张你的修行方式是显露自己，如你之本然，而不是尝试成为另一个人。当你非常诚实，而且足够勇敢，你就能完全地表现自己。不管别人怎么想，都没有关系，只要做自己，起码为你的师父，你应当做自己。那便是实际的修行，你真实的生命。除非你信任师父，否则这将难以做到；但是，如果你发现师父的精神和你别无二致，你就会有足够的勇气，持续以此方式修行。

有些时候你与师父有所争论，那也不是问题。但是你应该努力去了解师父，并随时准备放弃自己的争论点——当你发现自己是错误的时候，当你发现自己愚蠢地固执于偏狭之见的时候，或发现自己在找借口的时候。这是对自己的诚实之道。然后，你可以放下，并说："是的，我是错的。我很抱歉。"

你和你的师父的共同目的在于可以完美的交流。就一个师父而言，重点在于总是准备好对徒弟让步。当师父明白他是错的，他会说："喔，你是对的，我是错的。"如果师父有这种精神，你也会被激励，能勇于承认自己的错误，即使那是难以做到的。若你继续这样的修持，人们或许会说：“你发疯啦，你是不是有问题！”但没有关系。

我们每个人都不一样，我们都各不相同，而且各有各的问题。幸运的是，你有同参道友和你一起修行。这不是指像一把大雨伞，庇荫遮雨地来保护你，而是提供一个空间场所，在此你能够真正修行，可以完整地表达自己。你可以睁开双眼，欣赏同修专注于习禅，然后会发现，你们可以不用言语来沟通。

我们的方法是不评判他人，而是去了解、欣赏他们。有时候，你也许觉得已经对某人所知甚详，因自己的小心眼，你很难去欣赏这个人。但如果你们继续一同修禅，而你的心变得宽广，你能表达自己并接受他人，自然地，你们就会成为好朋友。去了解你的朋友，便是去了解自我之外的事物，甚至了解超越朋友范围之外的事物。

你或者要说，当你坐禅的时候，没有人可以了解你的修行；但对我而言，你坐禅时，是了解你的最佳时刻。当你禅坐面壁，我从你的背后见到你，特别容易理解到你修行的状况。有时我踱步于禅堂中，以便能见到每一个人。这是很有趣的。若是你跳舞、交谈或发出很大的声音，那将难以理解你这个人；但是当你们一起禅坐，你们每一个人都有自己独特的坐姿。

以为表现自己最好的方式是为所欲为，毫无顾忌，其实是一个很大的错误。当你以许许多多种方式来表现自己，便不知道该怎么做，而你将会肤浅地行动。如果你确切地知道该如何做，并且去从事它，你才能够充分地表现自己。

这就是为什么我们要遵循形式的原因。你也许认为无法在一个特定的形式里表现自己，但那并不尽然。当我们共同修禅的时候，强壮的人会以强壮的方式表达自己，仁慈的人会以仁慈的方式表达自己。在课诵仪轨时，我们其实以各自的方式来传递经本。因为形式是一致的，我们便能轻易看到我们之间的不同。而且，由于每个人重复同样的动作，我们最终将能了解同参道友是怎样一种方式。即使闭上眼睛，你也知道那是某某人。那便是拥有规则和仪轨的好处。

缺乏这样的一种修习，你与他人的关系会非常表面化。如果有人穿着一套华美的僧袍（此时铃木禅师揉搓着自身的僧袍微笑着），你会认为他一定是个了不起的师父；如果某人馈赠你一件精美的礼物，你就认为他就是慈悲，是个大好人。这不是正确的认识。

通常，我们的社会是以一种表面、轻浮的方式在运作着，其控制的力量是金钱或是有势力的人。我们的眼、耳关闭了，或不够敏锐得以见闻事物的真相。大多数参访我们禅中心的人，会发现这是一个奇怪的地方，心中不禁产生疑问：“他们不大说话，甚至不笑，他们到底在干啥？”那些习惯于嘈杂喧嚣的人或许无法注意到，我们的确可以不用太多的言语来交流。我们也许不常带着微笑，然而我们能感觉到其他人的感觉。我们的心总是开放的，能够充分完全地表达自己。

我们也可以将这种修习延伸到城市的生活中，与他人友善相亲。当你决定对己诚实，充分地表达自己却无所期待时，这便不是一件那么困难的事。只要做自己，并随时准备好理解他人，即是伸展修行到日常生活之道。

我们不知道下一刻什么事将会发生。如果不能够在当下每一刻里充分完地表达、展现你自己，以后你或许会懊悔。因为你期待来日，这样你便错失了当下的机会，而你也被朋友所误解。不要等待另一个时刻来完全地表现自己。

初心

拥有自一切事物中解脱的自在

“当你能够静坐修禅，经历着什么是‘只管打坐’之后，你每一天的生命的意义将会显得完全不同。你会拥有自一切事物中解脱的自在。”

大约两年前，在我经历了一次差不多要溺毙的经验以后，我的“只管打坐”，或坐禅的修行方式就有所改变了。我想要游过塔撒加拉的一条小河。我其实不会游泳，但学生们玩水玩得兴高采烈，我以为我可以加入他们。许多漂亮的女孩子在河的那一岸，于是我努力向对岸游过去，完全忘了自己不会游泳。我几乎溺了水。然而我知道自己不会就这么死去。

我知道自己不会这样溺死的原因，是因为那里有许多学生，总有人可以救助我，所以我并不严肃认真。但是溺水的感觉极为糟糕。我喝了很多水，于是伸直双臂，希望有个人能抓住我，但是，没有人帮我。我决定沉到河底，行走于河底，但是那也行不通。我既不能沉到河底，又无法浮出水面；我只是看到那些漂亮女孩子的腿部，但又抓不到她们的脚，所以相当地惊慌失措。

那一刻我理解到，在我们变得非常严肃认真之前，我们是不会好好修行的。因为我以为自己不至于死亡，所以我不当真；也因为不当真，我受尽苦头。如果我知道自己在溺水，就不会胡乱挣扎，而会保持静定。因为我以为自己还有下一刻的存在，所以没有把它当作一回事。自此事件之后，我的修行进步了许多。现在我对自己的修行有信心，所以我一直在告诉你们，我是如何修习“只管打坐”。

那是一个有趣的经验：我身处美丽的女孩子当中，但是她们却救不了我。如你所知的，我正迈向死亡——不是由于河水，而是由于我长年的疾病。当我死的时候，各种的妖魔和美丽的女人们都会高高兴兴地伴着我，而我也将高高兴兴地伴着他们。所有事物都与我们同在，若无骚乱扰动，我们也乐意与万物同在。通常很难感受到这一点，因为我们想要得到什么，我们期待着未来向我们希望的方向有所进展。

当你不想下一刻的事情，很自然地，你将能接受事物的本然状态，能看到事物的本然状态。在那一刻，你便有完美的智慧。当你能够静坐修禅，经历着什么是“只管打坐”之后，你每一天的生命的意义将会完全不同。你会拥有自一切事物中解脱的自在。这是重点。往往对你所有的、所见的事物，你没有自由，但当经验到“只管打坐”，你将会拥有从一切事物中解脱的自由。你将能真正地享受生命，因为你不再执着于任何事物。

你变得真正快乐起来，这快乐会延续，那就是我们所说的“不执着”。你所拥有大多数的欢乐，是那种你觉得惋惜的欢乐，你说：“喔，那时候我多么快乐啊，现在我不再快乐了。”但真正的幸福快乐总会与你同在，而且不论顺境或逆境，都会鼓励你。当你功成名就，你可以享受成功；你失败也无妨，你能够享受失败的感觉：“喔，这还好，不像我所想的那么糟糕！”你总会感觉拥有得足够多，不会像从前一样企求太多。

如果你遇到严峻的困难，就像是尼泊尔的崇山峻岭，毫无可通行的路径；但你知道，终将会有一条可以通过它的道路。甚至，百日的禅修接心也不是那么艰难。即使你死亡，亦无事发生，一切没有问题，所以你经常快快乐乐，不会挫折沮丧。你将选择过一种不一样的生活。在你有正确的修行前，总希冀拥有一些巨大、华丽的事物：美国境内的第一大禅寺，或世界第一大的禅寺——甚至比日本的禅院还好。但是在有了正确的修行后，你所选取的事物和所遵循的生活，便会和从前大不相同。

有时候我的开示非常严肃，强调艰苦困难的修行："不要期待下一刻。""不要妄动！"我非常抱歉，但我必须这么说，因为你的修行看上去太虚弱无力，我要使你强壮起来。实际上，你的修习有点虚软并不是什么大问题，可是若你对自己不严格又缺乏自信，坐禅不能成为坐禅，它便不会成就。能使你的修行更精深的，是你每天持续不断的禅坐。

在中国和日本，有许多禅师豁然开悟的故事，像这样"嗯哼"（铃木禅师微笑并弹指），你也许认为这是突然的，但其实那是多年的努力和失败积累的结果。道元禅师[1]对此最有名的评论是："射中箭靶，是九十九次尝试失败后的结果。"最后一箭射中了靶心，是因为之前有九十九次的失误之故，所以失败是好的。

1　道元希玄禅师（Dogen, 1200~1253）：日本曹洞宗的创始者。幼年时遭遇母丧，观香火之烟缭，领悟世间无常，遂深立求法之大愿。初习天台，后归禅宗。1223年入宋参访，游历名刹，曾随侍天童如净禅师三年，经其印可受法，返国大扬曹洞禅。后开创永平寺，成为日本曹洞宗之大本山。他承袭"默照"禅风，主张修证一如，"只管打坐"。著有《正法眼藏》、《普劝坐禅仪》等。

每一次当你射箭之时，以信心射出，那么你终将射中靶心。“九十九次失败亦无妨，我将继续努力地射向标的。”每一回禅坐的时候，尽你最大的力量。你或者以为坐禅仅仅是交叉着双腿，盘坐 40 分钟。然而，最重要的是，你应放进全部的肉体上的和精神力上的力气。

专注于你的呼吸。若呼吸得不恰当，便难以从事任何身体工作。即使是缝纫，你的呼吸也应跟随你的动作。当你要举起一个重物，你的呼吸应该完全地和谐一致，否则你无法举起它。要有恰好的呼吸不是一件易事，需要有正确良好的姿势和手印（mudra），因为你的手印是心理状态的象征。如果你的脊椎不直，呼吸便不够深沉。当然，发展你身心的成果，是需要时间努力的。

在你的身心完美调和之前，开悟是不会到来的。如果不能接受种种经验，你将不会感受到觉悟。换句话说，当你的身心完全为一，开悟就在当下；不论你听到什么，想到什么，皆是开悟。所以不是石头击中竹子的声响[1]，或是盛开的梅花的颜色使人们开悟，是他们的修行使其开悟。在你的日常生活中，总有许许多多能够开悟的机会。如果

1　参《五灯会元》卷九，邓州香严智闲禅师的故事。香严参山，被问如何是父母未生时本来面目，茫然无答。其后烧却所看之文字，长行粥饭；一日，芟除草木，偶抛瓦砾，击竹作声，忽然省悟。

你走进厕所，那里有让你开悟的机会；当你煮饭，那里有可以让你开悟的机会；当你清洁楼板时，那里也有让你开悟的机会。

所以不管从事什么，好好做它，不要期待任何人来帮你，不要以寻求庇护而破坏了你修行的努力。护佑自己，继续成长，直上青天，如此即是，虽然这有点不平常。不是吗？也许我们是疯疯癫癫的。或许有些人认为我们疯狂，我们或者以为他们疯狂，但那亦无妨。很快我们会发现疯狂的是谁。

不再执着于一个陈旧的自我

“所以，秘诀在于说‘是’，然后就从此时此地开始。那便不会有任何问题。这意味在当下此刻做自己，总是做自己，而不是执着于一个陈旧的自我。”

为什么我们既已具有佛性，却仍需修习禅坐？这便是道元禅师在东渡中国、参谒天童如净禅师[1]之前所存有的大疑问。这不是一个简单的问题。但是首先，我们说“一切众生，悉有佛性”到底是什么意思呢？

---

1 南宋天童如净禅师(日音Tendo Nyojo, 1163~1228)，被尊为曹洞宗第十三代祖师。他参谒受法于雪窦寺足庵智鉴，修持上偏重打坐，以参禅打坐——是身心脱落，离五欲(财、色、名、食、睡)，除五盖(贪欲、嗔恚、惛眠、掉悔、疑)，能和佛祖相见。他广弘宏智正觉禅师的“默照禅”，后传法日僧道元，奠定日本曹洞宗的基础。

通常的理解是，佛性是我们内在天生本具的，因为佛性在我们的言行举止中显现。如果这里有一株植物，在植物呈现之先，必有一颗种子的存在。因为它们本性呈现出的差异，有些花是红色的，有些花是黄色的。这是我们所理解的方式，但是这不是道元禅师所理解的方式。他以为，上述所谓的本性，只是心中的一个概念。

为什么我们既已具有佛性，但仍需苦苦修习？我们也许会认为，佛性只有在我们修行并消除种种自私的欲望之后，才会彰显。

然而，根据道元禅师的思想，这种理解来自于你对事物不明澈的观察。他的理解是，就仅在事物显现之时，佛性即在当下；本性与事物，是同一实相的两个名称。有时候我们称之为佛性，有时候我们说开悟或醒觉、佛陀或证道。我们不只是用这些名相来称呼佛性，有时我们亦称它为“邪欲”。我们或许称其为邪恶的欲望，但对佛陀而言，那是佛性。

同理，人们或以为居士和法师有根本上的差异。但事实上，法师并不是一个特别的人。你们都可能成为一个法师。我可以成为一个居士，因为我穿着僧袍，所以我是法师，而且我的行为举止像个法师。只是这样，法师和居士在本质上并无区别。

不管你怎么称呼它，那是某一实相的另一个名称。即使你叫它作一座山，或一条河，亦不过是某一实相的另一个名称。当你领会到这点，我们将不再被名相如“本性”、“果”或“佛位”所愚弄。我们以一颗清明的心，亲见事物之本身。我们用此方式来理解佛性。

“邪欲”是佛性的另一个名字。当你修习禅坐，邪恶的欲望从何而来呢？在禅坐中，邪恶的欲望无有存在之处，然而我们仍相信邪恶的欲望应该被消除尽净。为什么呢？你想要消除邪恶的欲望以显露佛性；但是，你将把它们丢于何处呢？当我们以为邪欲是可以被丢弃的事物时，那是一种外道见。“邪欲”是我们使用的一个名相，并没有一物我们可以将之分离并丢弃的。

你或许觉得我在愚弄你，但不是的，这不是件玩笑事。当我们到达此处，理解我们“只管打坐”的修行，是有必要的。

在《从容录》[1]里有一则有名的公案：一个人攀爬至百尺竿头，如果他停在那里不动，他无法得悟；当他从竿头上一跃而下，或许他将开悟。我们如何理解这则公案，便

1 《从容录》共六卷，是曹洞宗诠释公案的要典。宋朝宏智正觉颂古，万松行秀评唱。收于《大正藏》第四十八册，又名《万松老人评唱天童觉和尚颂古从容庵录》。与临济宗的《碧岩录》并称为禅门双璧。

是我们如何领会修行的方式。我们相信邪欲需要被抛弃的原因，是因为我们停在竿头不动，于是我们有了问题。实际上，并没有竿头的存在，那竹竿往上无止境地延伸，所以你不能就此停住。但是当你拥有某些开悟的经验时，你也许以为可以在那里休息一下，在竹竿顶上欣赏各式各样的风光。

事物继续生成或改变成其他的事物，没有任何一件事物能以其独特的形式或颜色存在。当你想“这是竹竿顶端”时，那么，你将会有跃下与否的问题。但是你不能从这里一跃而下。那已经是一个误解了，那是不可能的。而且即使你试着要停在竿头上，也是做不到的，因为竹竿不停地往上生长。

这是问题所在。因此，最好忘却要歇止于竹竿顶端。忘却歇止于竹竿顶端的方法，是安住于你现今所在之处。不在此道或彼道，不在过去或未来，而只是在此处。你知道吗？这就是“只管打坐”。

忘记此刻，进入下一刻，这是唯一的法门。例如说，当早餐准备就绪，我的妻子会敲响木板。如果我不马上回答的话，她会持续地敲击着木板，直到我变得十分恼怒。问题非常简单——因为我没有回应她。若我说“嗨(日语:是)”，就毫无问题了。只因我没说“是”，她继续地呼叫我，因为她不知道我是不是听到了。

有时她或许认为，“他明明听见了，就是不回答”。当我不回应的时候，我便是在竹竿顶端。我不肯跃下，我相信在竹竿顶端有一些重要的事务待办：“你不应该叫我，你应该等一下。”或者我想：“这太重要了！我在这里，在竹竿的顶端！你难道不知道吗？”于是她拍木板拍个不停。那是我们制造出问题的原因。

所以，秘诀在于说“是”，然后就从此时此地开始，那便不会有任何问题。这意味在当下此刻做你自己，总是做你自己，而不是执着于一个陈旧的自我。你忘记有关自我的一切，重新更生。你是一个新的自己；在你自己变成陈旧的自我之前，你说“是”，然后你走到厨房用早餐。因此，每一刻的要点是忘却该点，并且延展你的修行。

正如道元禅师所说的：“研习佛教，是研究你自己；研究你自己，是在每一当下忘却你自己。”而后，每一件事都会前来帮助你，每一件事都会确保你的开悟。当我说“是”，我的妻子便会确保我的开悟。“喔，你真是个好人！”但若我执着于这“我真是个好人”，我将制造另一个问题。

如此，每一刻，只是专注地、真实地做自己。在此刻，佛性在哪里呢？佛性在当你说“是”，那个“是”即为佛性本身。你以为自己内在已经拥有的佛性并非佛性。当你成为你自己，或当你忘却自己，而说“是”时，那是佛性。

佛性不是将在未来显现的某物，而是已在此处。如果你有的只是对佛性的概念，那不具任何意义；它是一个画好的米糕，不是真的米糕。假若你想看一个真的米糕，你应在它存在于此之时看到它。所以我们修行的目的仅是成为你自己。当你成为真实的自己，你便有真实的开悟。如果你努力要把持住你先前所获得的，那不是真正的开悟。

有时候当你落入错误的修行，你嘲笑自己：“喔，怎么回事？我在做什么？”当你理解到修行的来来回回、起起伏伏，你会享受你的修行。真正的慈悲或爱，真实的鼓舞或勇气，会自当下生起，而你将成为一个非常仁慈的人。

我们说，“一法遍含一切法”，意思是说那一法门包含许多德行，就像是海洋的波浪。当你如此修行，你变得像一块石头、一棵树，或一片汪洋，你涵容覆盖万物。持续的修行是必要的，所以不要中断。如何持续，则是以宽宏的、广大且柔软的心——柔韧通融、不黏着于任何事物。以这种方式修行，便无须惧怕任何事物，或轻忽任何事物，那即是“道”的严谨之处。当我们无所畏惧，我们是泰然自若的。

完全专注于你所从事的活动，是为单纯。修行之美，在于它可以无止境地延伸。你不能说我们的方式相当简易或相当困难。它一点都不困难，所有人都能这么做，但是要持续不断则是艰难的。你不认为吗？

改变我们的业力

“最佳的方法，是去理解业力严谨、精密的律则，而且立即致力于改善我们的业力。”

当你遇到一个大问题时，你变得相当严肃，但你不明白你一直在制造问题。如果是较小的问题，你想：“喔，没关系的，这很容易处理。”甚至在你知道该如何应付之前，你已经这么想着。

几天前，立发禅师[1]（Tatsugami Roshi）说：“一头老虎以全部的力量来抓一只老鼠。”老虎从不忽视或藐视任何一个小动物，它攫取一只老鼠和它扑抓并啖噬一头母牛的方式是一模一样的。然而，虽然你有许许多多的问

1　是铃木禅师晚年禅中心的指导教师之一，以严格著称。——译者注

题，但你以为它们微小而无足轻重，所以不认为有必要去精进努力、改变自己。

那也是为数众多的国家处理国际问题的方式：“这只是一个小问题。只要我们不违背国际公约，就无妨；只要我们不用核武器，我们便能开战。”但是那样的小型战斗，终究会演变为大规模的战争。因此，即使你日常生活中的问题微不足道，除非你知道如何解决，否则，日后你将会遭遇更大的困难。这是业力的律则。业力从微小的事情开始，若轻视它们，将使恶业加速推进。

最近我读了一些佛陀对“道”的开示：

“诸比丘，你应约束诸多欲望，当收受食物饮水供养之时，接受供养，如同接受良药。不要根据个人的好恶来接纳或拒绝它们，只以此来支撑你的色身，避免饥渴。如同蜜蜂采花蜜一般，只取其味，不损坏其颜色和香气。所以，诸比丘亦然。你可以接受足够的供养，以消除忧恼，切勿要求过多，损害施主的善心。有如智者，先衡量动物的负重能力，不超重负载而使它们消耗衰竭[1]。”

1　大正藏第十二册《佛垂般涅槃略说教诫经》(又名《佛遗教经》)，释尊告诸弟子：“汝等比丘，受诸饮食当如服药，于好于恶勿生增减。趣得支身以除饥渴。如蜂采花但取其味不损色香。比丘亦尔。受人供养趣自除恼，无得多求坏其善心。譬如智者筹量牛力所堪多少，不令过分以竭其力。”

“你应约束诸多欲望”，这不是指或大或小、或多或少的欲望，而是指超越欲望。减少欲望，意味着不把我们的专注力分割给众多的事情。以一心、真心来从事——那是“少欲”之意。

“当收受食物饮水供养之时，接受它如同接受良药。”意思是你专心致志，用全身心收受供养物，没有“你”和“食物”的二元对立观念。所以，我们“接收”或“接受”食物，而不是说我们“拿取”食物。“拿取”是较为二元性的，“接受”则是比较完整、完全的动作。你也许认为“去拿”比“去接受”来得完整，但是根据佛陀的教示，“去抓取”或“去拿”食物，并没有包含完全的接纳。因为它是二元对立的，你将制造业力。你或希望去抓取它，因为其他人也想要抓取它，所以你必须动作快些。但是，当你接收时，你已经拥有了它，而如果你以极大的感恩的心态来接受它——“非常感谢你”——那便是佛陀所教的“约束你的诸多欲望”的真正行为。

“不要根据你个人的好恶来接纳或拒绝它们。”再次地，以个人好恶的方式来接纳或拒绝是二元性的。这类的教导，不是说要你去控制欲望。若你要掌控欲望，你会因限制的程度或食物的多少而挣扎着，你将制造一个又一个的问题。你甚至会找一些借口来获取更多食物，然后你会失去方向。

“只以此来支撑你的色身，避免饥渴。”如果你知道如何修习禅坐，你将知道摄取多少食物，因而不会有吃太多或吃太少的问题。

“如同蜜蜂采花蜜一般，只取其味，不损坏其颜色和香气。”这是一个很著名的比喻。若我们采蜜只是因为花的美丽或芳香，我们便错失了它真正的蜜味。当你关照自己和花朵，你就能够对花本身有直接的感受，并能品尝其味。通常我们不是很注意，我们也许会损坏一朵花，或执着于某一特别的花朵。如果我们太过黏着，最后这株花将会死亡。花朵产生花蜜的目的是要邀请蜜蜂的到来，以帮助植物的繁衍。所以，必须要了知我们究竟是像蜜蜂，还是像其他之物。当我们觉察到自己制造出的困难障碍，我们便小心翼翼地将自己的修行延伸到每天的生活中。

我们应该更小心，更留神，更深思熟虑。你也许会认为我们对如何处理事物有太多的规则要遵守。但是，在你了知自己在做什么之前，你不能说有太多的规章束缚你。所以要注意你是不是在日常生活里制造着问题，或为自己和他人制造恶业。你也应该知道为什么自己正在受苦，除非你改变业力，否则不可能自痛苦中逃脱。

当你遵循业力的律则，驱使业力朝良好的方向去，就可以避开业力有害的性质。留意业力的本性，以及欲望和行动的本性，就可以做到。如佛所示，了解痛苦的因，即是了解离苦之道。若你研究自己为什么受苦，你将领会因与果，了解为什么恶行导致恶果。只有你明白了，才能避开业力有害的方面。

只要我们仍有一个自我的概念，业力就有一个主体功用，因此最好的办法是使业力在虚空中运作。如果我们不具有自我的概念，业力不知道该怎么办——“喔，我的同伙在哪里？我的朋友在哪里？”有些人竭尽全力要驱逐业力，我认为这是不可能的。最佳的方法是去理解业力严谨、精密的律则，而且立即致力于改善我们的业力。

如果你在驾车途中发现车子有毛病，最好马上停车并检查车况，但通常我们不这么做。“喔，不过是车子的小状况，它仍在行驶。我们走！”那不是正确的方式。即使仍可以继续行驶，我们仍应该小心谨慎地照顾车子。如果你把车子的能力推到极限，车子会一直出现同样的状况，直到它完全抛锚为止。这时要修理它已经太晚了，而且需要更多的心神和精力。所以，平时的维护保养是非常重要的。然后你能去除错误的理解，并知道自己真正在做什么。

享受你的生命

“唯一之道，是去享受你的生命。即使当你在修习坐禅，像蜗牛一样数着呼吸时，你可以欣赏、享受你的生命，也许比登月之旅还要更愉快些，这是为什么我们修禅的原因。你过何种生活并不要紧，最重要的是享受你的生命而不被事物的外相所迷惑。”

如果你到图书馆，会看见许多书籍，你会发现人类拥有的知识是如此宽广浩瀚，几乎不可能被研究殆尽。现在有人将登上月球[1]，实际上，我不知道我们是如何登上月球的，或者，若有人抵达那里，我们将有怎样的感受。

1　此篇采自铃木禅师在1969年7月20日的开示，刚好是阿波罗二号登月之日。——译者注对我而言，那并不是多么有趣的一件事。

我想谈一谈登月之旅的事，但是我尚未有太多时间去研究它。所以如果我谈起登月之旅，你也许会认为："他真是无知啊！"今天或明天我遇见的人，或许要对登陆月球的旅行大谈一番，仿佛他们知道所有的细节。如果我听见他们的言谈，而其内容刚好又不甚有趣的话，我或许会不大敬重他们呢！

第一个抵达月球的人，也许对自己的成就感到骄傲，但我不认为他是一个英雄。我自己是这么想的，我不知道你觉得如何。电视上，在一段时间里，他看起来像是一个伟大的英雄，因为他所达成的任务而受到英雄式的对待。如果我们仔细思索这个景况，我们即刻明白修禅的重要性。与其在客观的世界中寻觅些许成功，不如深刻地体验生命的每一当下。那是坐禅的目标。

有一次，玛丽安·德比让我看一些沙子。她把沙子递给我，说："这些石头非常有趣。"它们看起来只像是沙子；她要我用放大镜看，于是这些小砂石看来就像我办公室里陈列的石头一样大。我办公室里的石头较大，但是在放大镜底下，沙子与这些石头颇为类似。

如果有人说"这是月球上的岩石"，你一定会兴味盎然。事实上，我不觉得地球上的岩石和月球上的岩石有很大的区别。即使你到火星，我想你也可能会发现类似的石头，这一点我相当确定。所以假如你想要发现一些有趣的事物，与其如登月一般地在宇宙间飞跃，不如在每一当下享受你的生命，观察你所拥有的一切，真实地活在你所处的环境之中。

昨天我到一个属于自然保育协会的小岛参观，那里有许多动物——飞禽、走兽和鱼类，是一个非常有趣的地方。如果你住在一个像那样的处所，真正开始看见各种事物，看见那地区里的植物和动物，也许你会想住在那里一辈子呢！它是如此有意思，但是我们人类总是到处跳跃不定，忽略许许多多有趣的事物。我们到月球或更远的地方旅行，那其实相当愚昧。如果你驻留于一个地方，你就可以彻底而完全地享受你的生命，而那是更为人性化的生活。

我不太确定的是，登陆月球是否对人类而言是最好的方向。我不知道我们在做的是什么。当我们发现坐禅的真实精神，便真正发现作为人类的生活方式。换句话说，我们不再被事物或某些特定的观点所愚弄。道元禅师起先拒绝了天皇[1]御赐的紫袍，他第二次拒绝之后，天皇说："你

1　此指第88代日本天皇——后嵯峨天皇(1220 ~ 1272)。

一定得收下。”最后他收下了袍子，但是却从不穿它。他写信给天皇，说道：“我非常感谢你赐的紫袍，可是我不敢穿它。因为若是我披搭上它，山林里的鸟儿和猴子可要大大地嘲笑我呢！”

在修禅时，有时我们修数息法。你或许以为数呼吸，从一数到十，又忘记了所数的数目而从头数起，感觉上有点蠢。若是用电脑来数的话，就不会有任何错误了。但其根本的精神是极端重要的。当我们数着每一个数目时，我们发现自己的生命无限深邃。如果我们只是用普通的方式来数呼吸，像是在测量从此处到月球的距离的那种态度，我们的修行便不具任何意义。

我们以全部的身心来数每一次的呼吸，我们以整个宇宙的力量数着每一个数目。所以，当你真正体验到数息，你将有深深的感恩之情，比你抵达月球还来得多。你不会对某事感兴趣，只是因为大家认为它有趣；或不理睬某事，只因人们认为它微不足道。

你或许仍然热衷于新的体验，就像是一个婴儿般。婴儿对所有的事物抱持着同样的基本态度和兴趣。如果你观察他，他总是在享受生命。成人大多数时候被自己先入为主的成见所盘踞，我们没有完全自这客观的世界中解脱，因为我们并未与这客观的世界合而为一。

事物变迁无常。对常人来说，这是颇为令人泄气的事。你不能依赖任何事物，不能拥有任何事物；你会看到不想看到的事，会遇见不喜欢的人。有时你想做些什么，却发现毫无可能，因此你被事物发展的方向弄得灰心丧气。作为一名佛教徒，你应该改变你生命的基础。“诸行无常”是你于此世遭受痛苦、挫折的原因。当你改变理解以及生活的方式，便可以在每一刻完全享受你的新生命——事物的消散性正是为什么你能享受生命的原因。当你能够如此修行，你的生命会变得平稳，并具有意义。

所以重点是去改变你对生命的理解，并且以正确的理解来修行。登陆月球或许是伟大的、历史性的事件，但如果我们不改变对生命的理解，它不会具有多少意义。我们需要对生命有更深刻的领会。

我们说有临济禅与曹洞禅、小乘之道与大乘之道、佛教与基督教等，但是如果你修行任何一个法门，却以一种如同在宇宙间跳来跳去的方式来修行，它不会有太多助益。若你对修行有正确的理解，则不论你搭火车、坐飞机或乘船，都能享受你的旅程。如果你乘坐轮船到日本，也许要花个 10 天，若是坐飞机，大概 10 小时；但如果重点是在于享受你的旅程，时间便不是问题。即使你搭上速度较快的飞机旅行，你仍然无法活上 1000 年，最多只能活上 100 年，而且不能重复你的生命。同此，你亦无法将自己的生命与其他的生命相比较。

唯一之道是去享受你的生命。即使当你在修习禅坐，像蜗牛一样数着呼吸时，你也可以欣赏、享受你的生命，也许比登月之旅还要更愉快些。这是为什么我们修禅的原因。你过何种生活并不重要，最重要的是欣赏并享受你的生命而不被事物的外相所迷惑。

初心

像一头大象般行走

“我们像一头乳牛或大象般缓步而行，而不是奔跑飞驰。如果你能缓慢地行走，没有任何要获得什么的念头，便已经是一名优秀的禅门弟子。”

所有佛法源自修习坐禅，由此，佛陀与我们以心传心。坐禅是去打开我们传承的心，而我们所体验的一切宝藏皆来自这颗心。因为要实证我们的真心或传承之心，我们打坐修禅。

许多人一心寻找一个特别的地方，所以变得迷惑了。正如道元禅师所说的：“为什么要放弃你自己的定点，徘徊在沙尘弥漫的异域？”当我们只是在观光浏览，就会涉入一种想要急速求悟的心态。我们修行的方式，则是一步一步地踏实行走，欣赏我们每天的生活，然后我们能看清自己在做什么，处在何地。

人们通常以为习禅最好到日本，实际上那是相当艰难的。“为什么你不留在禅中心修禅呢？”我问他们。如果你去了日本，见到忙于兴建崭新建筑的禅师，他们将非常高兴见到你。但那需要花费甚多的时间和金钱，而你或许因为无法发现一个好的禅师而饱受挫折。即使你找到一个好师父，要理解他的语言，向他参学，也是很困难的。

在这里，你能修习真正的坐禅，一步接一步地观照你自己。我们修行，应如同一头乳牛，而不是一匹马。我们像一头乳牛或大象般缓步而行，而不是奔跑飞驰。如果你能缓慢地行走，没有任何要获得什么的念头，便已经是一名优秀的禅门弟子。

中国在宋朝末年的时候，许多禅师在回应徒弟求悟的渴望时，是以各种心理学的手法，激励学子顿悟成佛。这些手法不是把戏——如果我说那是一种把戏，可是会被责骂的——但我觉得那类的修行方法犹如一种策略。那些禅师可以成为心理学家的好朋友，心理学家们总试着要解释开悟的经验。但原本修禅的法门，是完全不同于这样的修行方式的。

道元禅师非常强调这一点，他引用中国禅宗初祖——

菩提达摩与二祖慧可大师的故事。菩提达摩告诉慧可："你若要求吾法，入道之门是屏息外界的诸多攀缘之物，并止息内在的情绪与妄念。当你变成一块砖或一面石墙，你便进入了'道'。"

对慧可大师来说，这是一个非常困难的法门，如你们所经历过的。然而他努力修行，直到最后，他想他终于理解了菩提达摩的本怀。于是，慧可禀告菩提达摩，在他的禅修中，功夫已经是无有间断、永不停歇地在修行着。菩提达摩说："那么你又是谁？是谁修行无有间断？"慧可云："因为我相当了知自己，很难指出我是谁。"于是菩提达摩印可说："你所说的是对的。你是我的法子。"[1] 你明白这个故事的含义吗？

我们坐禅不是为了求悟，而是要表现我们的真实本性。当你修禅时，即使是你的念头，也是本性的显现。你的念头就像是某个人在后院或在对街说着话，你或许在想他们在说些什么，但那个人并不是一个特定的人，而是我们的真实本性。我们内里的真实本性一直在谈论着佛教，

1　参《景德传灯录》卷三："别记云。(达摩祖)师初居少林寺九年。为二祖说法秖教曰外息诸缘内心无喘。心如墙壁可以入道。慧可种种说心性理。道未契。师秖遮其非不为说无念心体。慧可曰。我已息诸缘。师曰。莫不成断灭去否。可曰。不成断灭。师曰。何以验之云不断灭。可曰。了了常知故。言之不可及。师曰。此是诸佛所传心体。更勿疑也。"

不管我们做什么，都是佛性的展现。

当二祖慧可大师到达此一阶段，他告知菩提达摩，他想他已悟到："一面石墙是佛性，一块砖亦是佛性。一切事物都是佛性的展现。"我曾经以为在开悟之后，将会知道在后院说话的那个人是谁；但并没有一个特别的人躲藏在那里解释特别教法。我们所见的一切事物、所听的一切事物，皆是佛性的显现。当我们说佛性，佛性是万事万物。佛性是我们天生的真实本性，它是普遍性的，通用于我们每一个人及一切众生。

由此我们明白，我们的真实本性一直在持续不断地做一些事情，所以慧可大师说修行无有间断，因为那是佛陀的修行，既无始，亦无终。所以，是谁在做这样的修行呢？也许是慧可本人，然而他的修行恒常无间——它起于无始的过去，将会止于无终的未来，因此很难指出是"谁"在以此道修行。

当我们修习坐禅时，我们是与所有的祖师一起修行，你应该早就清楚地明白这一点了。即便你的坐禅不是太好，你也不能够浪费时间。你或许还不知道坐禅是什么滋味，然而总有一天，在某个时候，某个人会认可你的修行。所以只要好好修行，不懒散闲荡，也不做观光旅游般的禅修，你将有加入此道、一同共修的机会。修行的好与坏都无妨。如果能用这种理解来打坐，对你的佛性具有确定的信心，迟早你会发现自己与祖师们同处一堂。

所以重点是，不以任何急功近利或求取声名的心念来修行。我们不是为他人或为自己而打坐，我们仅只是为了坐禅而坐禅——只管打坐。

第二部

平常心，佛之心

“对实相的所有描述，

都是对‘空’之世界的有限表达。

然而我们执着于这些叙述而认它们为实相，

那是一个谬误。”

去超越每一存在，包括我们自己的存在，并且让我们自身如其作用而作用，这就是修习坐禅。

从“空”捎来的一封信

“虽然我们没有那来自‘空’的境界中实际写下来的交流书信，但我们对其有一些暗示或联想，那便是，你可以说，是开悟。当你见到梅花盛开，或是听到一个小石头击中竹子的声音，那就是从‘空’捎来的一封信。”

“只管打坐”，是去修行或实证空性。虽然由你的推想，你可以有一种试验性质的理解；然而，你应该用经验来理解空性。你怀有空性的概念和存在的概念，而且你以为存在与空性是互相对立的。但是在佛教中，这两者都是存在的概念。我们所说的空性，并不像你既有的概念。以你思想的心或你的感觉，无法达到对于空性的完全理解，那就是为什么我们要修习坐禅的原因。

日语里有一个词“shosoku”（消息，或译为“信息”），是指当你收到家书时的感受。即使没有看到一张真正的照片，你也隐隐约约地知道某些家里头发生的事，家人在做什么，或是庭园里哪些花朵在绽放。这是“消息”的意思。虽然我们没有来自“空”的境界中实际写下来的交流书信，但我们对其有一些暗示或联想——那便是开悟。当你见到梅花盛开，或是听到一个小石头击中竹子的声音，那就是从“空”捎来的一封信。

除了我们可以描述的世界之外，另外还有一种世界。对实相的所有描述，都是对“空”之世界的有限表达。然而，我们执着于这些叙述而认它们为实相，那是一个谬误，因为所叙述出来的，并不是真正的实相；而当你认为它是实相时，已经包含你个人的观念和想法，那是一个自我的概念。

许多佛教徒犯下这个错误，这就是为什么他们牢牢执着于经典写下来的佛陀的文字。他们想，佛陀的开示是最珍贵、最有价值的，因此保存其教示的方法，就是铭记他的字字句句。但其实佛陀所说的教示，是一封来自“空”之世界的书信，只是他给我们的一点暗示或帮助。如果其他人读了这封信，也许无甚意义。那正是佛陀言语的本质。想理解佛陀的言语，我们不能依赖我们通常的妄想心。如果你要读懂一封来自佛境界的信，有必要先理解什么是佛境界。

“空去”一个茶杯里的水，并不是说喝掉它。“空去”的意思是有直接、纯净的经验，而不仰赖存在的形式或颜色。所以我们的经验是“空去”先前具有的观念，即我们对存在的种种概念，大或小、圆或方的概念。大小方圆并不属于现实实相，它们仅仅是观念。这就是“空去”杯水之意。即使我们见到水，亦无有“水”的概念。

当我们分析一己的经验时，就产生了时间或空间、大或小、重或轻的概念。某种的衡量尺度是必要的；以我们心中各式各样的衡量尺度，我们经历着事事物物。然而，事物本身并不具有衡量尺度，那是我们强加到实相上的。因为我们一直使用着衡量尺度，并且极度地依赖它，于是以为那尺度真正存在，但它其实不存在。如果它存在的话，将与事物一起存在。使用一个衡量尺度，你能把一实相解析为各个实体、大或小等，然而一旦我们将事物概念化，它便是一个死的经验。

从自己的经验中，我们“空去”大或小、好或坏的观念，因为我们所运用的量度常常是基于“自我”。当我们说是好或是坏，那衡量尺度即为你自己。那尺度不总是相同的，每一个人都有不一样的尺度。因此，我不是说那尺度老是错误，但是在我们作分析细查，或当我们对某事持有某些观点的时候，很容易就会用上我们自私的尺度，那自私的部分应该被空去。如何能够空去自私的部分，则是修习坐禅，因而我们变得更习惯于接受事物的本然，而没有任何大小、好坏的观念。

对艺术家或作家而言，他们以绘画或写作来表达他们直接的体验。但假如他们的经验非常强烈而纯净，他们或许会放弃去叙述，而说："唷，我的天啊！"只是如此。在我家的四周，我喜欢造一些小型的盆景庭院，然而当我漫步到溪边，看到那些绝妙的岩石和川流不息的河水，我便放弃了，心中不禁想说："喔，不，我本来就不应造一个假山庭院的，还不如去把塔撒加拉溪清干净，捡拾一些掉落的纸屑和断枝来得好些。"

自然本身的美丽，超越其美丽。当你仅见到自然的一部分，你或许要想，这块石头应该往这边挪一些，那块石头应该往那边移一点，然后这才是一个完整的园林。因为你用狭小自我的衡量尺度限制了实相，于是便有了好园林、坏园林的区别，而你更想去更换几块岩石。但是，若你以一颗较宽广的心来看待事物，就没有改变的必要。

事物自身是空的，但因为你添加上某些东西，你便损坏了真实的实相。所以，若我们不"损害"事物，那即是

“空去”事物。当你修禅打坐时，不要被各种声音骚扰，不要运作你的妄想心。意思是说，不去依赖任何感官觉受或妄动的心念，而只是接收那封来自空之境界的书信。那就是“只管打坐”。

“空去”的意思不是“否定”。通常当我们否定某事，就会想以另外一些事物来取代它。当我拒绝了蓝色的杯子，意即我要的是白色的杯子。当你争论并否定其他人的意见，你正在把自己的意见强加于他人之上。那是我们经常在做的事。然而，我们的方式则不然。由于“空去”了自我中心观点的添加成分，我们净化了对事物的观察。当我们能明察事物，接受其本然，便不需用另外一件事来取代它。那便是我们说的“空去”事物的真义。

如果我们能够“空去”事物，让它们如其本来之面貌，事物将会运转自在。原本万事万物息息相关，同为一体；由于同为一体，所以可以延伸扩展。为让其能伸展，我们空去事物。当我们抱有这样一种态度时，即使没有任何宗教的概念，我们怀有宗教。若在我们的宗教修行中缺乏这种态度，修行将会轻易地变成像鸦片一般。净化我们的经验，观照事物的本然，是为了理解空的境界，并且明白为什么佛陀会留下这么庞大丰富的法教。

在坐禅的修行中，我们不寻求任何事物，因为若是我们在寻找什么，就已涉及了一种自我的概念，然后我们试着去达到什么，更进一步地推动了自我的概念，那是一般当你努力时所做的；但是我们的努力是为了要去除自我中心的活动，此即我们如何净化自己经验的方式。

举例来说，假如你正在阅读一本书，你的妻子或你的丈夫也许会问你："要不要来一杯茶呢？"你或者回答："喔，我很忙，别烦我。"当你以这样的一种方式来阅读时，我想你可要小心了。你应该说："是的，那好极了。请给我一杯茶。"然后放下书本，享用一杯茶。喝完茶之后，再回到你的阅读里。

不然，若你的态度是："我现在很忙！"那不是好事，因为那表示你的心并非完完全全地运作着。你一部分的心非常努力地工作，但另一部分的心则不做什么，你或许将要在你的活动中失去平衡呢！如果只是阅读，没什么关系，但如果你正在写书法，而你的心并不在"空"的状态，你的作品将会告诉你："我不处于'空'的状态。"你就该停下笔来。假如你是一个修禅的人，写下一篇这样的书法，你应觉得羞愧。写书法就如同修习打坐，所以，如果你在写书法，而有人说："请用一杯茶吧！"而你却回答："不呢，我正在写书法！"你的书法也将告诉你："不！不！"你是无法愚弄自己的。

我要你理解，我们在禅中心这里所做的是什么。有时，把修习坐禅当作是一种练习或训练，以使你的修行更强壮稳健，或使你的呼吸平顺自然，这并不是问题。那也许都包含在修行里，但是，当我们说“只管打坐”时，其意义是与上述的训练有所不同的。当我们收到一封来自于“空”之世界的信,“只管打坐”的修行才真正发挥作用了。

在咀嚼中才能发现糙米的美味

“你多喜欢打坐呢？我想，更好的问法是，你多喜欢糙米呢？坐禅是一个太大的题目，糙米则正好。实际上，两者没有多少区别。”

你多喜欢打坐呢？我想，更好的问法是，你多喜欢糙米呢？坐禅是一个太大的题目，糙米则正好。事实上，两者没有多少区别。当你吃糙米饭时，你必须咀嚼它，除非你细细地嚼，不然是很难将糙米饭吞咽下去的。当你咀嚼得很好，你的嘴变成厨房的一部分，而糙米实际上变得越来越有滋味。我们吃白米饭的时候不用嚼这么多，但多一点的咀嚼感觉是这么好，米饭顺利地就滑进我们的喉咙里。

当我们能够完全地消化食物，它会成为什么呢？它会被转换，改变它的化学性质，而且会充满我们全身。在这个过程里，食物在我们的身体内“死去”。吃进和消化食物对我们而言是很自然的事，因我们一直在变化状态中。这一有机的过程，被称为“空性”。之所以称它为空性，是因为没有特别的形式。它具有某种形式，但那形式不是永恒的。当它改变的时候，就拓展了我们生命的能量。

我们知道我们是空的，而且地球也是空的，形式不是永恒的。你也许亟欲了知，“那么这个宇宙究竟是什么呢？”但是宇宙无有界限。经由乘坐太空船的宇宙旅行，是不能用来了解“空性”的。当你完美地、专注地咀嚼米饭时，你能了解空性，那是真实的空性。

最重要的一点，是真实不虚地建立你自己，而不是在错觉、幻象上建立你自己。然而，若无虚妄幻象，我们不能存活或修行。幻象是必要的，但你不能于幻象之上建立自己。它像个高脚凳子，没有它，你不能爬高，可是你不必逗留其上。以这种自信，你能够以我们坐禅之道，继续研习。那就是为什么我说：“别离开，跟着我。”我不是说：“黏着我。”我的意思是你应跟随你自己，而不是跟着幻觉跑。有时候，我或许是一个幻象，你也许高估了我：“他真是一个高明的师父！”那已经是一个幻觉了。我是你的朋友，我刚好有几个高脚凳子，以一个朋友的身份和你一起修行。

我们不应该因为追随着一个不怎样的师父，或有一个不怎样的徒弟而感觉失望。你知道，如果一个差劲的徒弟和一个差劲的师父一起奋勉于真理，某些真实的事物会被建立起来。那即是我们的坐禅。我们必须继续修习打坐，继续咀嚼糙米饭。最终，我们将能完成某些事。

如厕的禅道：清除我们的执着

“幸或不幸地，即使你不喜欢它，我们都得上厕所，那带有臭味的厕所。我很抱歉这么说，但我想，只要我们活着，我们就必须上厕所。”

你现在感觉如何？我不知道你觉得如何，但我觉得犹如刚刚上过厕所般畅快。我已经老了，得常常上厕所。即便是当我还很年轻的时候，这方面也比其他人频繁，有时候我因此而有一点优惠。当我开始在永平寺[1]参学，于旦过寮禅坐——在日本，要进入一座禅寺时，须先连续打坐数日——我可以跑厕所而没有自我良心的谴责，因为我必

1　永平寺，日本曹洞宗之大本山，13世纪时由道元禅师所创。参见本书第一部第三章“自一切中解脱”的译注。

须去。我非常高兴去厕所。我想，如厕之道，是看待我们修行的好方法。

云门文偃禅师[1]也许是第一个把修行和厕所关联的禅师。有人问他："你的修行是什么？如何是佛？"他回答："厕所纸。"事实上，现在我们用厕所纸，当时他说的是"你在如厕后清洁自己的东西"。[2]这是他的话语。其后，许多的禅师都思索、修行这则公案：什么是在如厕后清洁自己的东西？为什么他要这么说呢？

在我们每天的生活里，我们吃下许许多多的食物，好的坏的，特别的和简单的，可口的和难吃的。接下来，我们得上厕所。同样地，在填充我们的心之后，我们修习禅坐，不然的话，我们的念头最后会变得很不健康。在研习某事之前，让自心清净是必需的。就像是在白纸上绘图，如果你不用干净的白纸，你不能画自己想画的。所以，很有必要回到你本来的状态——你无所见、无所想之处，然

---

1 云门文偃（864～949，云门，日音Ummon），自六祖慧能以降，禅宗分五家七派。其中继石头希迁之后数传，五代时，文偃创立云门一宗。早年广览诸经，深究《四分律》；后遍访高僧大德，参究印证。他经常以一个字来截断学生的妄想情识，禅林称作"云门一字关"。又以"绝断众流，不容拟义，凡圣无路，情解不通"为云门宗旨，其风格高危险峻。门人德山缘密概括为"云门三句"——涵盖乾坤，截断众流，随波逐浪。

2 云门因僧问。如何是佛。门云干屎橛——清粪便的短木片。参《禅宗无门关》。

后你将明了你在做什么。

你修坐禅越勤，对每天的生活就会越感兴趣，你会发现哪些事物是必要的，哪些不是；什么地方应该矫正，以及什么地方应该加强。因此，经由修行，你将知道如何组织自己的生活。就是说，去准确地观察你的情况，清净你的心，从你的本然起始点开始，这便像是上厕所一般。

我们的文化是基于去得到，或积聚种种事物的观点之上的。例如，科学是知识的累积，但我不知道现代的科学家是否比 16 世纪的科学家伟大。不同之处，只在于我们积累了甚多的科学知识。这是好的，同时也是危险的；我们有被一切积聚的知识埋葬的危险，犹如试着要生存，但不去上厕所。又好比我们在污染的水池、空气之中游泳、呼吸，却大谈着污染；同时，我们几乎难以从我们的知识污染中存活下去。

我们都知道如何不执着自己体内的某些东西而去上厕所。当我们明白我们原来早已拥有每一件事物，将不会再执着于任何事物。事实上，我们拥有一切；即使不登陆月球，我们已拥有它。若我们尝试登月，那表示我们不认为月亮是属于我们的。

如佛陀所开示的，我们的心与万事万物同为一体。在我们的心中，一切事物皆存在。如果我们能以此方式理解事物，就能理解我们的活动功用。去研究某件事物，就是去欣赏某件事物；去欣赏某件事物，即是不去执着于该物。当我们不执着于事物，所有事物都是我们的。我们的修行是去了解这种“大心”，换句话说，去超越每一存在，包括我们自己的存在，并且让我们自身如其作用而作用，这就是修习坐禅。当我们修禅时，实际上清除了自己各式各样的执着。

我们非常畏惧死亡。然而，当我们益加成熟，便能领会：死亡总有一日终将降临到我们身上。若你在年纪轻轻时猝死，那不是一件好事；如果我现在死去，对我自己或对你们都不是太糟糕的，因为我已经有足够的成熟度来接受死亡。我颇为了解自己的生命，怎样是活一天，活一年，活个60年或100年。所以无论如何，当你渐臻成熟，饱含经验，在此生中吃过许多食物，我想你会高高兴兴地面对死亡，就像是你会高高兴兴地上厕所，它就像是这样子的。

一个80或90岁的老人，没有太多问题。就肉体而言，老人受着病苦，但那痛苦并非你所想象的那么巨大。当人们年轻的时候，一想到死亡，便仿佛是件极为可怕的事情，所以当死亡来临时，他们仍然如此想着；但事实上，它不是这般。我们忍受的肉体痛苦是有极限的，心理上也有容量的极限，但我们总以为它是无限度的。我们会有无限的痛苦，因为我们拥有无限的欲望。佛陀说，那种欲望，制造出我们的各种痛苦。以无止境的欲望，我们积累了一个又一个的问题，因此我们生出无限的恐惧。

实际而言，假使我们知道怎么样来清净自心，便不会有这许多的问题。如同我们每天都要上厕所，我们每天习禅打坐。在寺院生活里，最好的修行是清洁厕所。不论你到何处，哪一座寺院，你总会发现有一个特别的行者在做清洁厕所的工作。我们不仅是因其肮脏之故，所以要清洁厕所；不管它干净与否，我们清洁它，直到有朝一日我们能够这么做而没有任何干净或肮脏的念头。若能如此，那即是我们真实的禅修。将这种修行延伸到寻常生活中也许是困难的，但它其实相当简单，只是我们的懒惰使它显得困难。那就是为什么我们强调耐力，以持续我们的修行。修行不应有间断；修行应该是一个时刻接着另一个时刻地相续不断。

有些学子非常勤于打坐，却忽略日常的生活。若其中有人开悟了，他们或者要说："我跟随一位伟大的禅师而得悟，不管我做什么都没有问题，从好坏之中我已得到完全的自由。只有那些尚未证悟的人们，才执着于好与坏的观念。"这样说的人轻忽了每天的生活。他们并没有照顾自己的生命，不知道如何组织、安排生活，或是生活应有怎样的节奏。去了解我们生命的韵律节奏，即是去理解我们在做些什么。经由禅坐经验，以一颗清明的心见到我们的行为，是有必要的。

我来到美国，因为在日本有许多烦扰的问题。我不是很确定，但也许那是为什么我到美国的原因。在日本时，我的禅坐功夫并不像我在这里的修行，现在我有的问题与在日本时截然不同。即使我与你们一同打坐，我的心却像个垃圾桶。虽然我身在美国，一个自由的国度，我的心却像个垃圾桶。我是日本人，在这里有不少的日本朋友，所以我除了其他的问题之外，还有大多数日本人所拥有的问题。有时候我讶异自己在这里做什么，然而，当我清楚看见自己所做的，非常诚实和真实，没有任何的高估或贬低，我的心便没有太多的负担。修习坐禅对我帮助甚大。如果不是因为修禅，我不能够以我旧有的方式生存下来。我在很年轻的时候就开始修行了；然而，只有在抵达旧金山以后，我才开始真正地、实在地修行。

跟我学禅，你也许觉得相当艰难。我明白我所做的，对你或许是很大的挑战。但是，若缺乏与其他文化背景里生活的人沟通交流，要从另一个角度来理解事情是不可能的。仅仅从自我的、个人的或国家的观点来理解事物，是我们的弱点。当我们这么做，便无法真正地发展我们的文化。当文化、文明进展到这一个地步，使它健康的唯一方式，便是参与不同人群的文化活动，然后你将更加了解自己，如同我到达旧金山之后，对自己体会更多，坐禅也更精。

当你更了解自己、更了解别人，你能够做你自己。做一个好美国人，就是做一个好日本人；而做一个好日本人，即是做一个好美国人。因为我们执着于日本人或美国人的方式，我们的心便如废纸桶。若你注意到这点，你将明白坐禅的重要性。幸或不幸地，即使你不喜欢它，我们都得上厕所，那带有臭味的厕所。我很抱歉这么说，但我想，只要我们活着，我们就必须上厕所。

如果我年轻一点，现在就可以为诸位唱一首日本民谣，是有关于厕所的。

如同土壤，空性是一切之母

“空性，是一个园子，其中你见不到任何事物。它其实是一切之母，从里面万事万物得以生成。”

我们大多人研习佛教的态度，就像某件事物已经赐予了我们。我们以为自己所应做的，是保存佛的教法，比如把食物放在冰箱里。然后，在研究佛法时，我们就像是把食物从冰箱里拿出来；每当你需要佛法的时候，它早已在那里。但禅门弟子不同，我们应该对食物怎样从田野、从园子里长出来感兴趣，我们把重点放在土壤上。

我们都具有佛性，从佛性衍生出来的教法多有雷同。各个派别的佛教没有很大的歧异点，但对教法的态度则不尽相同。当你认为佛法已经是给了你的，自然地，你的努力是把佛法运用于这共有的世界上。例如，南传上座部应用十二缘起（无明、行、识、名色、六入、触、受、爱、取、有、生、老死）于现实生活中，我们如何得生、如何死亡。大乘的理解是，当佛陀传法之时，原始的本怀是在解释不同众生的相互依存性。

佛陀以摧毁我们的一般常识，试着来解脱我们。通常我们对于土地的空无毫无兴趣，我们倾向对那些从园子里长出来的东西感兴趣，而非那空无裸露的土壤。但是如果你要有良好的收成，最重要的是使土壤肥沃，好好地培养土壤。佛陀的教示不是针对食物本身，而是它是怎么样生成的，怎么样能照顾它。佛陀不会对一尊特殊的神祇或已在那里的某件东西感兴趣，他对大地——其中各种不同的园子得以显现感兴趣。对佛陀而言，一切事物都是神圣庄严的。

佛陀不认为他自己是个特别的人，他努力尝试做一个最平常普通的人，穿着僧袍，托钵乞食。他想："我有许多徒弟，因为他们是非常好的徒弟，不是因为我的缘故。"佛陀是伟大的，因为他对人们的了解甚深；也因为他了解人们，爱护他们，而且以帮助众生为一种享受。因为他有这种精神，所以他可以成佛。

初心

每天的生活就像一场电影

“当你修行的时候，明白自己的心就像块银幕。如果它是一块彩色宽银幕，多彩多姿，吸引许多人，就不能达到其目的。所以，有一块不带色彩的银幕——一块纯净的、简单的白色银幕——是最重要的一点。”

我想，你们多半相当好奇“禅”到底是什么。禅，实际上是我们的生活方式。修习坐禅，就如你设定闹钟。除非你设定闹钟，否则它不会有所作用。每一天，我们应该有一个起始点。太阳在某一个时辰升起，某一个时辰落下，总是重复同样的事。我们也是如此，虽然我们或许没有这样的感觉。除非生活中有组织，不然，我们也许无法理解从哪里开始生活的重要性。

作为禅门弟子，我们的生活从坐禅开始。我们回归到“零”，以“零”为起点。虽然一天里有各种活动，最重要的是，体会这些活动皆从“零”生起。在那一刻你决定要打坐，意味着你已经设定了你的闹钟。当你有了足够的信心，下决心开始修禅，那即是“零”。

坐禅时，你也许会听见小鸟鸣唱的声音；某个事物从修行中显现。同样地，在我们每天的生活里，许多事物会出现，而如果你知道它们从何而起，便不被它们所打扰。因为你不知道它是怎样发生的，因此变得困惑。若你了知事物如何生起，那么，当某事发生的那一刹那，你早已有所准备：“喔，某事出现了。”就如同观看旭日初升一般：“喔，看呀，太阳刚刚升起呢！”

比方说，有时候你会生气，但怒气其实不是突然来的，它或许来得非常缓慢。当你一下子感到怒气冲天，那才是真的愤怒。但是，如果你知道它是怎么样生起的——“怒意正从我心里产生”——那不是愤怒。人们或许说你在生气，但事实上你没有生气。假如你知道自己即将开始哭泣，“喔，我要哭了”，然后再过两三分钟，“我开始哭了”，那不是哭泣。我们的修行是去接受万事万物，如同你接受在打坐时所生起的各种意象。最重要的是持有一颗“大心”，以接受万物。

倘若你修习坐禅，目的是为了要证悟，就好像使用闹钟却不设定时间，它会响，但没有多大意义。每天早晨在固定的时间打坐，则深具意义。在任何个别的时刻里，了解你在做什么最为要紧。这是根据你所处的境况而精进努力。

我们日复一日地生活，就犹如一场在宽银幕上放映的电影。大多数人对银幕上的画面发生兴趣，而没有了解到银幕的存在。当电影终止，你看不到什么了，心里想着："明天晚上我一定再回来。""我会回来看另一场电影。"若你只是对银幕上的电影感兴趣，终场时，你会期待明天的下一部戏，或者你会因为现在没有上映什么而觉得沮丧。你不知道银幕总是在那里。

然而，当你修行的时候，你明白自己的心就像块银幕。如果它是一块彩色宽银幕，多彩多姿，吸引许多人，它将不能达到其目的。所以，有一块不带色彩的银幕——一块纯净的、简单的白色银幕——是最重要的一点，但多数人对纯净的白色银幕不感兴趣。

我想，看一场电影而感到兴奋，是好的。在某种程度上，因为你知道它是一场电影，所以能够享受它。即使你没有察觉到银幕的存在，你的兴趣基于一种了解——这是一部带有银幕的电影，有一架放映机或某种人为的装置，所以你可以去享受它，那也就像是我们如何得以享受我们的生命。假如你对那里有一块银幕或放映机毫不知情的话，也许你将不能视生命为一部电影。

禅修是必要的，你可以得知自己拥有的是哪一种银幕，并且享受你的生活，如同在电影院里欣赏一部电影；你不惧怕银幕。对银幕，你没有特别的感觉，它只是一块白色的幕布，所以，你毫不畏惧生命。你享受使你害怕的事物，还享受那些让你愤怒或让你哭泣的事，而你也享受哭泣和愤怒本身。

若你对银幕的存在一无所知，那么，你甚至会对开悟感到害怕：“它是什么？”“喔，我的天呀！”如果有人证悟了，你或者要问他，他所经历的是什么。当你听了他的描述，你也许说：“喔，不！那不是我要的。”但你知道吗，那不过是一场电影，让你欣赏、享受的某种事物。而且，就如你要欣赏电影一样，你应该明白它是软片、光束和银幕的组合，而其中最关键的是那简单的白色银幕。

那白色银幕并非是你可以获得的，它是你早已拥有的。你不觉得自己拥有它的原因，是因为你的心太忙碌了。偶尔，你应该停止所有的活动，使你的银幕成为白色，那便是坐禅。这是我们每天生活的基础，以及我们的禅修。缺乏这种基础，你的修行不会发生作用。所有你所接受的指导，是关于如何能有一块清净的、白色的银幕；即使因为各种执着和先前的染污，它从来不是纯白色的。

当我们只是修习坐禅而不怀任何思想观点时，可以是相当放松的。因为通常的姿势很难令人完全放松，我们采取坐禅的姿势。我们这么做，是跟随过去许多前人累积下来的经验。他们发现，坐禅的姿势比其他的姿势，如站立或躺下，都来得好。如果你追随这些教诲来打坐，它会发生效用。但是，若你不信任自己的白色银幕，你的修行将不会得力。

回归广大的心胸

“当我们修习坐禅，并不是我们的‘大心’在实际控制着‘小心’；而仅是当‘小心’变得安稳平静之时，‘大心’才开始它真正的活动。”

禅七接心的目的，是要使我们完全地与修行合而为一。我们用两个中文字来表示——“接心”或“摄心”。“接”的意思是去接待某事，如同你接待一个客人，或像学生接待老师那样；“接”的另一个意思是去掌管或安排事情，使其有序。“心”则指心智或心灵。所以，“接心”的意义是具有适当完整的心的作用。我们的五官和意志，或可称为“小猴之心”，应该被掌控。当我们能控制一己的猴心，便回归到我们真实的大心。倘若猴心总是在接管大心的活动，我们自然地成为一只猴子。因此，猴心应有它的监督老板，也就是大心。

然而，当我们修习坐禅，并不是我们的“大心”在实际掌控着“小心”；而仅是当“小心”变得安稳平静之时，“大心”才开始它真正的活动。在寻常生活中，大多数时候，我们所涉入的是“小心”的活动。那就是为什么我们应该修习坐禅，而且完全地从事于回归到广大的心胸。

在我们修行上有一个关于乌龟的意象。乌龟有四只脚，一个头，一条尾巴——它身体的六个部位，有时伸在龟壳外，有时缩进龟壳内。当它要进食或前往某处时，就把脚伸出去；但是如果总是伸出脚，会有被捕捉的可能。当危险情况发生时，它就把脚、头、尾巴都收缩起来。这六个部分，意指五官和心。此即是“接心”。一整个星期中，我们的头、尾、脚都收在壳里。经文有云，倘若我们的六个部位皆藏在壳内，就算是恶魔也不能来摧毁我们。

坐禅时，我们不努力去停止思想，或切断听觉和视觉。如果有某件事或物在你心中出现，你要不理睬它。如果你听见某个声响，听到它，并接受它，“喔”——仅是如此。在你的坐禅里不应有第二个活动。声音是一个活动，第二个活动则是：“那是什么声音呢——是一部汽车、垃圾车，还是其他的声音？”若你听到一个声音，仅此而已——你听见了；不要去作任何判断，别去猜想它是什么。只要打开你的耳朵去听，睁开你的眼睛去看。当你打坐一长段时间，盯着墙壁的同一个地方，你也许会看到各式各样的形象：“看起来像一条河”或“那像是一条龙”，然后你想自己不该胡思乱想，但你仍见到不同的物体。逗留在种种影像上也许是打发时间的好方法，却不是“接心”。

专注集中在某物上或许是重要的，但仅仅是有一颗十分专注的心，并非坐禅。专心是修行的一个元素，然而，心的平静也是必需的，所以不要去强化五官的活动，让它们如其本然，这是如何使你的真心解脱之道。当你能在日常生活中这么做时，你会有一颗柔软的心；你不会有太多的成见，也不至于被自己思想的坏习惯给击溃打倒。若拥有一颗慷慨的心、大心，你所说的话语，将会对他人有所助益。

打个比方说，在《正法眼藏·随闻记》[1]中，道元禅师转述了一个听来的故事，是有关于权势甚大的藤原（一条）基家的事迹。有一天，基家发现他的剑不见了，既然没有

---

1 《正法眼藏·随闻记》，是道元禅师对其弟子的开示记载，由道元之弟子怀奘（Ejo，1198~1280）笔录。其中道元以简明直接的方式，讲述他的见地、修道经验与师承等等。

人可以闯入他的家宅，必定是他的近侍之一偷了剑。后来，剑被寻获，并呈还给他，但是基家说："这不是我的剑，拿回去给那个拥有此剑的人。"人们都知道，拥有此剑的人便是偷窃此剑的人，但是因为基家不怪咎，没人可以置喙，所以无事发生。根据道元禅师所说，这就是我们所应具备的心的平静。

若我们有一颗慷慨从容的大心，而且具有坚强的修行精神，那么便没有什么是值得担忧的。道元禅师强调一种清贫、简单的生活；不期待任何事物，我们只是以吾道修持。许多弟子问他，如何支撑寺院僧团而没有先行计划，他回答说："当维持寺院变得极为困难时，我们再去担心，但直到当刻，不必想它。"所以，直到某事发生之前，操心太多，并不是我们的做法。如此，我们能有全然的心的平静。因为当你拥有什么，你担忧要失去它；但若你一无所有，就没有担心的必要了。

有一天晚上，道元禅师开示说："即便你认为所受的法是完整和正确的，若有他人告诉你更上乘之道时，你应改变见解。"如此，我们对法教的见地不断地进步着。因为在那时，你以为是对的，所以你跟随其教理规章，然而，你也在心中留下余地，以便日后有改进自己观点的可能。这是柔软心。

改变你的见地之所以有可能性，因你深知你的妄想心是哪一类的猴心。有时候你跟随猴子的建议——“是呀，好的，如果我们朝那个方向走，就可以得到一些食物。好极了，我们走！”当你见到一条更好的道路，你或许要说：“喔，猴子啊，走这条路比较好。”但是，若你固着于一己的贪婪或愤怒，或自己的妄想心、猴心，你将不能够改变，你的心态不柔软。

所以，在我们的修行中，我们仰赖于某些极大的事物，并且在那极大的空间里打坐。你腿上的痛或其他的困难，都发生在那极大的空间里。只要你不失去那种身处于佛性境域的感觉，即使你有困难，你仍可以继续打坐。当你想要从困难里逃开，或努力试着要增进修行功夫，便是在为自己制造另一个困难。但如果你只是在那里存在着，你就有了欣赏周遭环境的机会，而你能够完全地接受自己，无须改变任何事物，那才是你的修行。

在“大心”之中存在，是一种信心的表现，这与通常相信某一特定的观点或存在有所不同。这是确信有某种事物在支援、维持着我们，支持着我们的活动，包括我们的妄想心和情绪感觉；所有这些皆被某种巨大的、没有形式或颜色之物所撑持。去知道它是什么是不可能的，但的确有某事物存在着，其存在既非物质性，亦非精神性，那般的事物向来存在，而我们存在于那空间里。那是一种纯粹存在的感觉。

如果你有足够的勇气让自己整整七天专注于坐禅，一点点的领会将会帮助你缓解僵硬和固执。几乎所有因为顽固心而产生的问题，将会消失无踪。若你刚好有对实相最微小的解悟，你的思想方式将完全改变，而你所制造出的问题也不再是问题。但是，只要我们活着，总会有问题，这是真实不虚的。因此，我们不是靠修禅来达成伟大的开悟，以改变我们的整个存在，或解决我们的一切问题。这不是正确的理解。人们也许称之为“禅”，但真正的“禅”并非是那般。

在坐禅时，我们专注于有真实修行的经验。忘却任何要得到什么的念头，我们只是在此打坐。如果禅堂太冷了，我们会使它温暖些；如果你的腿酸痛不堪，你可以舒展它们；如果打坐显得太困难了，你可以休息一下。让我们在这接心的七天期间，持续我们的修行。

平常心，佛之心

"'佛'的真义与'平常心'无所不同，平常心与神圣庄严亦没有区别，这是对自我的完全理解。当我们以这种理解来修禅，那才是真正的坐禅。"

我谈话的重点是要给你一点修行的支援。你不必记得我说了什么。假如你执着于我所说的，便是执着于支援物，而不是树的本身。一棵树，当它健壮时，也许仍然想要有一些支援，但最重要的是树的本身，而非支援。

我是一棵树，你们每个人都是一棵树，你应该自己站立起来。当一棵树自己站立起来的时候，我们称它为"佛"。换句话说，当你以坐禅的真义来修行，你即是真的佛陀。有时我们称它为"一棵树"，有时我们称它为

“佛”。“佛”，“树”，“你”，是佛的许多名称。

当你打坐时，你独立于众生，也与一切众生互相关联。而若当你在一己的修行中生出完全的沉静，你可以涵容万事万物。你不仅仅只是你，你是整个世界或整个宇宙，而且你是一尊佛。所以当你打坐的时候，你是一个普通平常的人，同时你也是佛。在你打坐之前，或许执着于自己是平常普通的。因此，在你打坐时，你不再是未打坐前的那个人。你明白吗？

你也许要说，既是平常的，又是神圣的，不太可能。当这么想时，你的理解是单方面的。在日文里，我们称只从单方面来理解事物的人为“担板汉”（tamban-kan），意为“在肩膀上扛着一块木板的人”。因为你背负着一大块木板在肩上，以致无法看到另一边。你以为自己仅仅是一个普通平凡的人。然而，如果你把木板放下来，你将了知，“喔，我也是佛。怎么可能我既是佛又是平常人？真是令人惊讶！”那，便是开悟。

当你体验开悟时，你会更加无拘无束地理解、领会事物，你不在乎人们怎么称呼你。平常心？好的，我是平常心；佛？是的，我是佛。我怎么成为既是佛又是平常心的？我不知道，但事实上，我是佛，而我亦是平常心。

“佛”的真义与“平常心”没有不同，平常心与神圣庄严亦没有区别，这是对“自我”的完全理解。当我们以这种理解来修禅，那是真正的坐禅。我们不会被任何事物打扰，不管你听到什么，看到什么，都没有问题。要拥有这一种觉受，熟悉我们的修行是有必要的。假如你继续修持，自然地，你将产生这种领会和感受。这不仅是智性上的，你将有真实的感觉。

即使某个人能滔滔广说佛教是什么，如果他缺乏实际的感受，我们不能称他为一名真正的佛教徒。只有当你的个性人格呈现此类感觉时，我们才能称你为佛教徒。要以这种解悟来表现性格，则须专心致志于这一要点之上；许多公案和故事都明确指出此点。平凡的心以二元性来理解事物，但即使我们在做一些平常之事，但事实上是佛的行动。佛的心，佛的活动，与我们的活动无有差别。

某人或许说“如此及这般”是为佛心，而“这样和那样”是平常心，但是以此方式去阐释是没有必要的。当我们做某事之时，我们不能够说，“我在做一些事情”，因为并没有一个人独立于他人之外。当我说了什么话，你会听到它。我不能一个人只为我自己来从事任何活动。如果某人做了某事，所有其他人也都在同时进行什么事。一刻接着一刻地，我们持续着活动，这也正是佛的活动；然而，你不能说那仅仅是佛的行止，因为你事实上也在行动之中。而后，你也许要说“我”，可是我们不知道谁是那个“我”。你试着说明是谁在做什么，因为你想要使你的行动理智化；但是在你说任何话语之前，实际的行动已经当下展现。你是谁，即在该处。

我们的行动是宇宙性的，也是个人化的，所以没有必要去解释我们在做什么。我们也许想去说明，但若我们做不到的话，也不必感到不安，因为它是难以理解的。事实上，你在这里，就在此处，在你理解自己之前，你是你；在你试图解释之后，你已经不再是真正的你，你只是一个形象。但通常你会执着于那个不是你的形象，而忽略实相。正如道元禅师所说的，人类执着于不真实的事物，忘却真实的事物，那是我们的真作为。如果你能了解此点，将有完美的沉稳宁静，而你也能信任自己。不论什么事发生在你身上皆无妨。你相信自己，而且这不是一般的、对非真实事物的相信或信仰。

当你能够不带任何形象或声音，以一颗开放的心来打坐，那便是真的修行。若你能这么做时，即从一切事物中解脱。你依然可以享受生命，一刻接着一刻地，因为你不是把生命视为某一坚固和永恒之事来享受它。我们的生命是瞬时刹那的，并且，在同时间，每一刹那包含它自己的过去和未来。以此方式，我们瞬时和永恒的生命会持续下去。这是我们如何得以真正地过着每一天的生活，如何享受每一天的生活，且如何从各种困难里解脱的方法。

我躺在病床上好长一段时间了，我在思索着这些事情。我不过是在床上修习坐禅，我应该好好享受卧床的滋味。有时候是很困难的，然而我嘲笑自己：“为什么这么困难呢？为什么不去欣赏和享受你的困难？”

我想，那便是我们的修行之道。

当我们能控制一己的猴心，便回归到我们真实的大心。倘若猴心总是在接管大心的活动，我们自然地成为一只猴子。

第三部

敞开自己，放下一切

“研习真正的禅，并不是口头文章。只要敞开自己，放下一切。不论发生什么事，密切地研究它，看你能发现什么。这是基本的态度。”

道元禅师说：“如果我们不与一切人、一切众生、世界上的所有事物，在宇宙的层次上共同修行，那便不是佛教之道。”

初心

来自内在的支持

“……我们被自己的内在所坚定地护佑着。这是我们的精神。我们总是从内在守护自己，无有间断，所以我们并不期待外在的任何助力。”

在我们的日课里，诵过经文之后，我们念一段回向文，奉献出我们的功德。根据道元禅师所说，我们不向外寻求帮助，因为我们被自己的内在所坚定地护佑着。这是我们的精神。我们总是从内在守护自己，无有间断，所以我们并不期待外在的任何助力。事实上的确如此，但当我们诵经时，我们以通常的方式念诵回向文。

在一段回向文中，我们说道：“愿寺院的双轮——法轮和物（质）轮畅转，愿国家和本寺或许会遇到的灾难如战争、传染病、饥馑、火灾、水灾和风灾，得以免除。”虽然我们这么说，实际上怀着不同的心境。我们不是观照自己的修行或念诵经文，以求取外援，那不是我们的精神。当我们念经时，我们生出非对立二元性的感觉、完美的平静和对一己修行的确信。

如果我们总是怀有那种感觉，就会被支持着。假如我们涉入了对立性的、自私心态的修行，像是怎样去资助我们的营建或组织，或去支撑个人的生活，那样，对我们的打坐或诵经便没有太多真实感受。当我们对自己的修行之道有了强烈的信心而不期待任何事，便能够以一种深沉的宁静感来念诵经文。那才是我们真正的修行。

道元禅师也曾说过，我们并不知道什么是染污，什么是洁净，或什么是灾难不幸。但即便如此，我们有那种清洁厕所的修行。即使你的脸或嘴或身体是干净的，但当早上起身，仍应洗脸和漱口。如果你以为清洁厕所是个肮脏的工作，那是一个错误的观点。厕所并不肮脏，虽然你没有清扫它，它是干净的，或者它已十分干净。所以我们是以清扫厕所作为一种修行，而非因为它不干净。如果你清洁它，心想它是不净的，那不是我们的方式。

我们所相信的是，法轮先转，然后物轮也将运转。如果我们不被任何人所护持，表示我们的法轮不是真的在转动。这是道元禅师的理解，而我曾做过实验，看它是不是真实不虚的。特别是在第二次世界大战期间，在我没有多少食物来充饥的时候。

大多数的法师在战时从事某些行业，以赚钱来撑持他们自身和家庭。我的信仰是，如果我能忠实地遵守佛教徒之道，人们会护持我。假若没有人支持我，那么表明道元禅师的话语不实。所以我从未请求任何人送给我任何东西，我只是遵从佛教徒之道，而没有在城镇里的办公厅担任一名老师或办事人员。

我在寺院的花园种植了些许蔬菜和甘薯，这便是为什么我对种菜所知甚详的原因。在寺院的前方，我有一个很宽敞的园子，我深耕掘土，捡出所有的石头，放进堆肥。有些村民前来帮忙，我们一起种植蔬菜，而且有不错的收成。

有一天，邻居来帮我煮饭。当她打开米柜时，里面没有一粒米。我的米柜很大，这让她非常惊讶，便带了一些米给我。那只是一点点米，因为她自己也没有多少，后来其他邻居和寺院的信众也开始为我募集米粮。我有许多信徒，因此便有了相当多的米。当人们发现我有许多米，都纷纷前来寺院索求，于是我便把米分给他们。我把米给越多的人，就会接收到更多的米。

在那个时候，大多住在城里的人，必须到农村用他们的所有物来交换食物——马铃薯、稻米、甘薯或南瓜等。但我从没有遇到过这样的困难。大多数时候我拥有足够的食物，但如果我吃的和别人不一样，我会觉得挺不好受的，所以尽量和其他人吃同样的东西。在塔撒加拉这里，比起我们在第二次世界大战时所吃的食物，既丰盛又富足，所以我对食物从无任何抱怨。假使我们严格地观察自己的修道，必定会被佛陀所护佑。我们将信任别人，也将信任佛陀。

自从第二次世界大战之后，日本法师开始穿西服，舍弃佛教的僧袍，只有在主持葬礼或追悼仪式时才穿僧袍。对此，我不大以为然，所以我总是穿着僧服。当我来美国时，几乎所有渡洋的法师皆换穿上剪裁合身的西装和闪亮的皮鞋，他们以为要弘扬佛法，必须看起来像美国人。他们的脑袋也不是光亮亮的，而是蓄了长长的头发，并梳得齐齐整整。但即使他们购买最好的西服，搭配最棒的皮鞋，日本人还是日本人，不能变成美国人，而美国人也会在他们穿西装或皮鞋的方法上有所挑剔。这是为什么我没有以西式服装来到美国的原因之一。

另一个原因是，道元禅师说过我们是从自己的内在被坚定地保护着，我对那些从僧服换装为西服，用以支撑自身的法师感到失望。道元禅师所说的即是我们所说的“祈愿寺院的法轮和物轮永远平顺畅转”的精神内涵。这样的仪式，是为了报答佛陀和阿罗汉的恩慈，佛陀和阿罗汉是只以仰赖修行来撑持他们自身的人。如果我们用与他们一般无二的精神来修持，并以此向阿罗汉致上敬意，我们也会被护佑着。

道元禅师说：“如果我们不与一切人、一切众生、世界上的所有事物，在宇宙的层次上共同修行，那便不是佛教之道。”修禅的真实精神应该永远与我们同在，特别是当我们诵经或举行仪式的时候。那不是一种二元的或自私的精神，它是平静、深沉的，有着坚定的信心。

当我们以此方法来修行，我们会一直与整个佛陀的世界合而为一。这里，业的活动不存在，而我们每天的生活，将被这种充盈各处的力量给保护着。在佛界里，有的不过是佛的行动；在法界中，一切只是佛行。用这种方式，我们不会妄造任何业力，我们超越了业力的境界。以这样的精神和理解观察我们的修行。

如果我们对时间的概念太涉入，或担心要照顾物质的世界，将失去我们的道路。假如一个出家人在这繁忙的、尘俗的世界里，完全地牵涉在二元对立的修行中，他将不再是一个出家人，那将不再有出家人的存在。即使有出家人在那里，他们也不是在修习为僧之道，所以佛教徒应该是完完全全的佛教徒。当一名佛教徒真的成为一名佛教徒，他会以一名佛教徒的身份被护持着。

打开本性，倾听你的直觉

“……为了打开本性，并且从心底感受某些事物，保持静默是有必要的。以这种修习，你将会对教法有更直观的理解。‘禁语’不是说要变成聋子，而是要倾听你的直觉。”

“接心”的目的，在于发展出稳定的修行。在禅七接心期间，我们不以言语来沟通，共修本身，即是一个极大的鼓励。口头上的交谈倾向于表面化，但当你不讲话的时候，你们之间更深层的交流会被激起，而你的心会变得非常敏锐细致。保持静默，将打开你的直觉。仅在这里安止五天而没有说话，已经是深具意义了。这就是为什么我们不交谈的原因。

当你参与一个表面的对话，内容是基于过往的兴趣时，你的真实感觉是被掩盖了的。因此，为了打开本性，并且从心底感受某些事物，保持静默是有必要的。以这种修习，你将会对教法有更直观的理解。“禁语”不是说要变成聋子，而是要倾听你的直觉。

阅读也是如此。当你对所阅读的事物感兴趣，你的直觉并不是在开放的状态。那就是为什么我们在接心时不阅读书籍之故。这并非是要将自己局限于黑暗中，但通过不阅读，你将激发出直观。

即使在参公案，言谈或阅读也是不必要的。特别对初学者而言，保持禁语或不读报纸，也许十分困难。你可能觉得相当无聊，但是你应该持续修行。在接心中，一切事务都被资深的同修所照管着，他们会帮助新进的学子们深入修道。

只管打坐，看看什么事会发生。依据所受的指导，尽力保持正确的禅坐姿势，并遵守戒律。遵守戒律使你能找到自己。这些规则让你知道，什么时候该进食，如何行进等。如果没有规章可循，没有人照顾你，是很难修行的，所以规章准则是极佳的帮助。那比坐在一间屋子的角落里整整五天，没有纪律，也不做任何事，来得好多了。戒律不是来约束限制你的，而是来支持你的修行的。

有许多种不同的修行方式，如随息、数息或参公案。这回我推荐随息法。当你觉得跟随着呼吸的出入变得有些困难时，数息法便会有所助益，然后你将明确了知自己正在做什么。倘若你忘记了修行，你便能够马上察觉到。

在你随息的时候，不要太努力去减缓你的出入息，或将出入息变得深沉，或任何其他的尝试。如果你只是跟随你的呼吸，自然而然地，即便不去调整它，呼吸也会恰如其分地适合于你的修行。

各种不同的指示将会传授给你，以协助你的修行。我们不是给予指导来强迫你做特别的修习，你应该做此，或不应该做彼。你也许得到各式各样的教导，但修持仍然在你。

寻找自己，找出答案

“不论什么事发生，不论你认为那是好的或坏的，密切地研究它，看你能发现什么。这是基本的态度。有时候你会做一些事情，却没有特殊的原因，就像是一个孩子在涂鸦绘图，不管它们是好或坏。如果那对你而言是困难的，那么它代表你并没有真实地准备好来修习坐禅呢！”

在你的坐禅或生活中，总会有许多的困难或问题。当你有了问题，应自己试着找一找为什么会有问题。通常你会尽快地、尽可能地好好解决你的困难。与其自己研究这难题，不如询问别人的看法、意见。那种途径也许可以在一般的生活上行得通，但如果你要习禅，是不会有所助益的。

在某人告诉你某事而你也以为自己了解的那一刹那，你将开始执着它，也将丧失你本性的完整功能。当你寻找某事物时，你的真实本性则在完完全全地运作着，就好像你在黑暗之中寻觅、觉察你的枕头在哪里。如果你早知道枕头在何处，你的心便不是在完全地作用着，而是以有限的感官觉知在运作。若当你不知枕头在哪里而去寻找时，你的心是对一切事物开放的。用这种方式，你会对事物有更为敏锐细致的态度，也将见到事物之本然。

如果你要研究某事，最好不预设答案是什么。因为你对别人告诉你的答案不满足，而且你也不能依赖他人所设定的任何架构。你研习佛教，但实在不知道怎样来研习佛教。以这样的途径，你将自己找出所谓“佛性”、“修行”或“开悟”的真正意义。

既然你在寻求解脱，尝试着各式各样的方法，理所当然地，有时会发现自己在浪费时间。如果有位禅师喜欢喝日本清酒，你也许会想，开悟的最佳途径是喝日本清酒。但是，即便是你喝下了很多坛的清酒，就像禅师所做的一般，你却不会开悟。看来你像是浪费了光阴，然而那样的态度则是重要的。假若你能够继续像这样去寻找答案，在理解事物上，你会得到更多的力量。不管你做什么，并不至于浪费自己的时光。

当你以局限的观点来从事某事，或抱着某种确定的目标，你所得到的将是某些特定的、实体的事物。这会掩盖你的内在本性。所以，重点并不在于你研究什么，而在于明见事物的本然实相，并且接受。

你们之中有些人只有在喜欢某些事物时才会去研究它；如果不喜欢，就忽略它。这是自私的方式，同时也限制住你研习的潜力。好的或坏的，微小或庞大，我们都要探究它，因此发现为什么有些事物如此伟大，有些却如此渺小；为什么某些事是好的，某些事则不怎么好。如果只去发掘那些好的事情，你会错过一些事物，而你会一直限制住自己的心智机能。当你居住于一个有限的世界，你无法接受事物的本然面目。

即使一位禅师只有两三个徒弟，他也不会巨细无遗地告诉他们有关修行之道。唯一向他研习的方法，是与他一起进食，和他交谈，同他做每一件事。你协助他，而没有任何人告诉你该怎么协助他。多半他看起来不太满意；没有特别显著的理由，他总是斥责你，因为你不明白原因，你不会太欢喜，他也不太欢喜。若你真正想向他学习，你会仔细研究怎样使他满意，怎样使你从学于他的日子里欢欢喜喜。

你也许会说这样的修行方式是老式的。或许的确如此，但我想，在西方文明中也有这种形式的生活，虽然不完全像我们在日本所做的。为什么人们向师父参学时会有很大的困难，是因为并没有一个特定的模式让我们依循。我们每个人都不同于他人，所以我们得有自己的方式，而且，我们应该根据情况改变我们的方式。你不能执着于任何事。唯一的做法，是在崭新的情况下发现合适的方法。

例如，每天早晨做清洁打扫的工作。我们没有足够的抹布或扫把，所以很难去参与。在这种情况下，找出某事是我们可以做的，仍然是可能的。我从不申斥你太多，但如果我是一个严格的禅师，我将对你感到相当不满，因为你轻易就放弃了，“喔，不，没有足够的清洁工具”或“没有什么是我可以做的”。你倾向于这么想，轻而易举地就放弃了。若是这样的情形，请努力尝试找出修行之道。假如你困倦想睡，你或许以为，“最好休息一下”。是的，有时休息一下是好的，但同时，那或许也正是修行的大好时机。

当我在永平寺协助我的师父[1]处理寺务时，他从未告

1　铃木禅师的师父，此指永平寺的岸泽惟安禅师（Kishizawa Ian Roshi，1865 ~ 1955），是近代日本最卓著的曹洞禅师之一。他是铃木禅师多位老师中的一位，毕生倾服道元禅师，专研《正法眼藏》，著有《正法眼藏全讲》、《葛藤集》等。

诉我们任何事。每当我们犯错的时候，他便斥责我们。通常打开纸隔扇门的方式是拉开右扇，但是当我那么做的时候，却挨了师父的骂："别从那边拉开门，不是那一边，"于是，第二天早上，我拉开左扇门，但再度被骂了。我不知道该怎么做才好。后来我才发现，我打开右扇门的那一天，师父的客人刚好坐在右边，所以我应该拉开左边那一扇门。在我开门前，应该小心留意，察觉师父的客人是坐在哪一边才是。

有一天我被指定去服侍他，我给他倒了一杯茶。一般的情况是，约倒杯子百分之八十的茶水。既然那是约定成俗的通则，我给他倒了百分之八十或百分之七十的茶水，然而他说："给我热茶。用劲道很强、很烫的茶水，倒满整个杯子。"于是第二天，当他有几位客人在场时，我给每个人倒了满满的滚烫浓茶，几乎占杯子百分之九十九的容量，然后呈给他们。我又被骂了一顿！实际上，没有法则可循。我的师父喜欢热的、浓苦的茶，并倒满杯缘，可是大多数宾客并不喜欢滚烫的苦茶。对师父，我应侍奉苦茶、热茶；对客人，我应以一般的方式奉茶。

我的师父从来不说明任何事。清晨时，当我比打板声早二十分钟起床，我挨骂了："不要那么早起床！你干扰了我的睡眠！"常常若我早点起床，是件好事，但对他而言却不见得。当你努力尝试着要多理解一些事情，没有任何的规范或成见，这是无我的真义。你也许说某事是一条“规定”，但是“规定”本身已经是一个自私的观点。事实上无有规则可遵照，所以当你说“这是教条规章”，便是在硬生生地强迫将某事施行于他人身上。

只有当我们没有时间，或者当我们无法更亲切地帮助他人时，规则才是必要的。说“这是规定，所以你应该遵守”是很简单，但是，那并非我们修行之道。对初学者而言，或许指示是必需的，然而对于较为资深的学子而言，我们不给予太多指导，让他们尝试各种不同的方法。如果可能的话，我们一对一地给予每个人教授，但很难这么做。所以我们有对一组人的教导，或是一场像这样的演讲，但不要执着于演讲本身。你们可以想想我所说的话，究竟指的是什么。

我觉得很抱歉不能帮助你们多少，但研习真正的禅并不是口头文章，只要敞开自己，放下一切。不论什么事发生，不论你认为那是好的或坏的，密切地研究它，看你能发现什么。这是基本的态度。有时候你会做一些事情，却没有特殊的原因，就像是一个孩子在涂鸦绘图，不管它们是好或坏。如果那对你而言是困难的，那么它代表你并没有真正准备好来修习坐禅呢！

这就是所谓的“臣服”，即使你并无有一物可屈服。不因执着某一规章或理解而失去你自己，你继续不断地一刻接着一刻地寻找自己。这是你唯一应做的事。

以亲切慈悲的呼吸关照你的修行

“我们所着重的是暖热的心，温暖的坐禅。在我们的修行中所感受到的温暖感觉，换句话说，即是开悟或佛心。”

我要你们有真正修行的实际感受。因为虽然我从非常年轻时便开始修行，我并不真切地明白修行是什么。有时候，我被永平寺的修行和其他禅院的修行氛围所深深触动。当我遇见伟大的禅师或聆听他们的开示时，颇受感动。但是去了解那些体验，则是非常困难的。

我们的目标是要在修行的每一刻中，有完整的经验或完满的感觉。我们所教的是开悟和修行为一体；但我过去的修行，则是所谓的“阶梯禅”：“我现在懂这许多，明年呢？”我想着：“我会理解更多一点。”那种修行没什么意思——我从未觉得满足。如果尝试这种阶梯式的修行，也许你将体会到那是一个错误。

如果我们的修行缺乏某种温暖和强大的满足感，那不是真的修行。即使你端坐，努力保持正确的姿势，数着呼吸，那仍然可能是没有生命的坐禅，因为你只是在信奉、跟着教导，你对自己不够慈悲。你以为如果亦步亦趋地追随某位师父的指示，就会有良好的坐禅，但是种种教示的目的，是去鼓励你对己仁慈。不要以数息来避开你的妄想心，而是要尽力好好地照顾你的出入息。

假如你对自己的呼吸很亲切慈悲，一个呼吸接着另一个，你会在坐禅中生起一种清新、温暖的感受。当你对身体和出入息有一种温暖的感觉时，便能够关照你的修行，你将全然地心满意足。如你能对自己非常仁慈，自然地，你将感到如此。

一个母亲会照顾她的孩子，虽然她或许不知道怎样使自己的宝贝幸福快乐。同样地，当你关注着你的姿势和呼吸，会有一种温暖的感觉。若你在一己的修持里抱持温暖的感觉，那即是佛陀大悲的最好例证。不论你是一位出家众或是一位在家众，这修行将延伸到每天的生活中。当你对自己所从事的一切给予最大程度的关切照顾时，会觉得挺好的。

洞山良价禅师[1]证悟过许多次。有一回，当他越过一条河渠，看见自己映照在水中的倒影，因而写下一首诗偈："别去试着揣度你是谁。如果你试着揣度你是谁，你所理解的，将与你相隔甚远。你所有的，只是一个自我的形象。"[2]事实上，你正是那河水。你或许说，那不过是自我的一个影子或一个反射，但是，若你用一颗温柔暖热的心仔细去看，那也就是你自身。

你也许以为自己有一颗暖热的心，但当你试图去理解它有多暖，你无法实际衡量。然而，当你以一种温暖的感觉从镜子中或水中凝视自己，那就是真实的你。而且不管你做什么，你即在当下。

当你用暖热心肠的感觉来从事某事，文殊师利菩萨——智慧的菩萨就在那里，而真实的你亦在那里。你不必纳闷文殊师利菩萨究竟在何处，或是他在做什么。每当

---

1 洞山良价(807～869，日音 Tozan Ryokai)，唐代曹洞宗之祖，越州会稽(浙江会稽)人。于灵默禅师披剃。曾访沩山灵祐禅师，参"无情说法"公案，不契。受指示往诣云岩昙晟禅师。辞归时，涉水睹影大悟。于江西洞山弘扬佛法，门风颇振。其嗣法弟子有云居道膺、曹山本寂、龙牙居遁等二十余人。尤以本寂的法系，称作曹山，合称之，即为曹洞宗。著有《宝镜三昧歌》、《玄中铭》、《洞山语录》等。

2 参《景德传灯录》卷十五："(洞山)又问云岩。和尚百年后忽有人问还貌得师真不。如何只对。云岩曰。但向伊道即遮个是。师良久。云岩曰。承当遮个事大须审细。师犹涉疑。后因过水睹影大悟前旨。因有一偈曰：'切忌从他觅，迢迢与我疏，我今独自往，处处得逢渠。渠今正是我，我今不是渠，应须恁么会，方得契如如。'"

你用温暖的心来做事情，那便是实际的修行。这也就是如何关照事物，以及与人交流沟通的方法。

你们有些人是僧人，有些则不是，而每个人都将自行其道。有些人未结婚，有些人结过婚了，也都有各自的方式将修行延伸到日常生活中。虽然我们的情境不同，修持则相同，都要亲睹文殊师利菩萨。即使他只是一身 ，他在每一处与每个人、每件事同在。不论你做什么，不论你的修行是什么，文殊师利菩萨就在那里。秘诀是，不要忘却佛陀真正的恩慈，他关照顾念万事万物。如果我们忽略了这一要点，不管从事什么，将毫无意义。

我们所着重的是暖热的心和温暖的坐禅。在我们的修行中，所感受到的温暖感觉，即是开悟或佛的慈悲和佛心，那并不只是数息或随息。如果数息法显得冗长沉闷，也许用随息法最好。重点是，在吸气和呼气的时候照顾每一气息，如同母亲照顾她的宝宝。若宝宝微笑了，妈妈也跟着微笑；若宝宝哭了，妈妈便会担心。那种亲密的关联，与你的修行合为一体，即是着重之点。我所谈的并不是什么新的教导，只是老调重弹罢了。

我们寺院的戒律规章基于仁慈、暖热心肠，不在于约束你的自由，而是给予你自由，让你以自己的方式去修行。追随字面上的规则并不重要；事实上，假如你偶尔违背了戒律，我们知道你有哪些问题，而你的老师不会对你批评挑剔，他或许可以更确切地帮助你。如此这般，便能改进你的行持，使你对欲望以及每天的生活能更好的掌握，然后你能够自一切事物中得到大的解脱。对僧众或在家众，这都是我们修行的目的。

请好好照顾你的修行，对自己要非常慈悲。

初心

尊敬万物，让妄念之心停顿下来

“我们只想为自己而利用万物，而不是去尊敬万物。如果它们难以利用的话，我们便想征服它们。”

在坐禅修行中，我们将自己的妄念心停顿下来，并且远离我们的情绪活动。我们不说没有情绪的活动，但我们能“远离”情绪活动；我们也不说没有念头思想，但是我们的生命活动不会被一己的妄想心限制。简而言之，我们可以说，我们完完全全地信任自己，在好与坏、对和错之间，无有心念、感觉、辨别心。因为我们尊敬自己，因为我们相信生命，所以我们打坐。那是我们的修行。

当我们的生命是基于尊敬和完全的信任时，会是全然的安详宁静。我们与自然的关系也应如是。我们应该尊敬万物，我们可用自己与一切事物发生关联的方式来修习如何尊敬它们。

今天早上，我们在禅堂礼拜的时候，听到从头顶上传来很大的噪音，因为在楼上的饭厅里，有人推着椅子走在瓷砖地板上，而没有把椅子拿起来。这不是善待椅子之道。那不仅仅会打搅楼下顶礼的信徒僧众，也因为这并非尊敬事物的方式。

推着椅子走过楼面虽然方便，但那会给我们一种懒惰的感觉。当然这种懒惰是我们文化的一部分，而且最终它将使我们在彼此之间争斗不休。我们只想为自己而利用万物，而不是去尊敬万物。如果它们难以利用的话，我们便想征服它们。此种观念和修行的精神并不一致。

同此，我的师父岸泽惟安（Kishizawa Ian）从不允许我们一次挪动一片以上的雨户（amado）。你们知道什么是“雨户”吗？它们是纸障子（shoji）门外的木板套窗门，是暴风雨时用来保护纸门的，通常在建筑物的尽头有一个大箱子贮藏这些套板。既然它们是可以滑动的，一个僧人能够轻易地推着五六扇门，而另一个僧人可以等着，然后把它们放进箱子里。但是我的师父不喜欢这样，他告诉我们要一片一片地挪动它们。所以我们只能推着每一单片板子，再把它放进箱中，一次一片地来做。

当我们小心翼翼地、一个一个地搬动椅子而不制造巨大的噪音，我们将会在饭厅里有一种正在修行的感受。当然，我们不发出太多声响，那感觉也是相当不同的。当我们如此修行时，我们自身就是佛，并且我们也尊敬自己。对椅子用心，表示我们的修持已超越了禅堂。

如果以为有了庄严华丽的殿堂，会使得修行更加容易，那就是一个错误。其实在这样华丽的装潢之下，也许很难以一种坚强的精神去修行——而在这里，我们有一尊庄严的佛像，还供奉美丽的花朵来装饰佛堂。禅佛教徒相传一句谚语说，从一刃叶片，我们能变生出一座十六尺高的金佛。那才是我们的精神，所以我们需要修习尊敬万事万物。

我不是说应该聚集许多的树叶或草叶，用以制造一个大佛像，但是，在我们能从一小片叶子里见到一尊大佛之前，我们需要做更多、更大的努力。我不知道那需要多大的努力，对某些人而言或许非常简单，可是对像我一样的人来说，极大程度的精进则是必要的。虽然从一尊庞大的金佛上看到一尊庞大的金佛比较容易些，但当你从一片叶子里见到一座大佛，你的喜悦将是非常特别的，因此我们必须以极大的努力来修习尊敬。

在这个禅堂中，每个人都可以进门来修持我们的方式，这包括有经验的修行者和那些对禅完全一无所知的人，两者都有其各自的困难。新的学子有一些他们从未想象过的困难；有经验者则有双重的责任，一是做他们自己的修持，二是鼓励那些新进的修行者。他不必告诉新来者："你应该做这个"或"你不应该做那个"，而应去引导新的学子，让他们能够较为轻易地入门修习禅道。

即使新进的学生不明白佛教是什么，当他们跨进美丽庄严的佛堂时，自然而然地会生起一种良好的感觉。那是佛国净土的装饰。然而，特别是对修禅者来说，真正的佛殿装饰，是其中修行的人们。我们每个人都应是一朵美丽的花，每个人都应是佛，引导众生修行我们的道径；不管我们做什么，我们考虑该如何去从事此道。既然并没有如何对待事物或与人相处的特别规章，我们就需要不断地去探究，怎样能好好帮助大众一起共同修行。假如你没有忘记这一点，你会发现待人处事之道、接物之道，以及对待自己之道。

这即是我们所谓的菩萨道。我们的修行是去帮助众生，为帮助众生，我们发觉如何在每一刻修行禅道。当我们入座时，停止思想妄念，远离情绪的种种活动，这不只是专注而已，而是完全地信任自己——在我们的修持里，找到绝对而确定的皈依。我们就像是一个坐在母亲膝上的婴儿那样拥有完全的依靠。

我想，在这禅堂里，我们都具备了极佳的精神。我对这种精神相当惊喜赞叹，但是下一个问题是，怎样能延展这一精神到你每天的生活之中。你可以用尊敬万物与尊敬彼此来达成，因为当我们尊敬万物时，我们将发现它们真实的生命——花朵的力量和美丽。

虽然“爱”是重要的，但如果爱和敬意、诚挚分开的话，是不会有作用的。只有以一个广大的心量，以及纯粹的真挚和尊敬，“爱”才能是真正的爱。所以，让我们竭心尽力，找出如何能使一片叶子成为一座大佛的方法。

不为持戒而持戒

“当你并没有要去遵守戒律却遵守戒律时，那便是真的在持戒。”

在完全的莲花坐姿里，我们盘起右脚，放在左脚之上，再把左脚放在右脚之上。象征性地来说，右侧意指活动、行动，左侧刚好相反，所指的是心的平和宁静。如果左侧是智慧，右侧便是修行，而当我们双腿交叉时，我们不知那是左脚还是右脚。所以虽然我们有两脚，就象征性而言，我们有的是“一体”。我们的姿势端正垂直，不倾向右边或左边、后面或前面。这是对佛法超越二元对立之完美理解的表现。

当我们延伸这一要点，很自然地，我们就有戒律，同时也是在研习如何遵守戒律之道。坐禅的姿势并不只是一个训练而已，而是一种实际将佛之所教运用到自己身上的方式。言语文字本身不足以实现佛陀的教示，经由行动，或经由人与人之间的关系，佛陀的教授方能被实践。

除了戒律以外，我们还有师父与徒弟之间的关系。徒弟一定得选择明师，而师父将会接受徒弟，虽然某些时候，师父也许会推荐另一位合适的师父。在老师之间，不应该有任何的冲突，所以如果一个师父认为别的老师比他更具资格，他或许会把他或她推介给他的学生。

一旦你成为一名徒弟，你就应该虔诚地奉献你自己，开始研究修行之道。一开始，作为一个弟子，你也许想追随一位老师来修行，却不是因为你想要研究佛法，而是因为某些其他原因，这没有什么大不了的。如果你对你的师父完全地虔敬，你终将领会。你会成为师父的弟子，而且你能传承我们修行之道。这一师父与徒弟的关系极其重要，同时，要做好真真实实的师父和徒弟，其实相当困难，所以两者都要尽最大的努力。

师父和徒弟一起在各种不同的仪式中共修。仪式不仅仅是种练习而已，经由仪式，我们真正地沟通和传达佛法。我们把重点放在“无我”之上。当我们共修时，忘却一己小我的修行，这是个人的修行，然而，也是众人的修行。例如说，当我们修习唱诵的时候，我们会说：“以你的耳朵来诵经。”我们用耳倾听他人的诵经之声，用我们的嘴来做个人的修行，于是我们拥有全然无我的真义。

无我，不是要你放弃自己的修行。真的无我早已忘记了无我。只要你相信，“我的修行是无我！”那表示你正执着于自我，因为你仍然对“放弃自我中心的修持”有所执着。当你自己修行，亦与他人共修时，真实的无我方能出现。那种无我不只是无我，它包含了“有我”的修习，同时，也是超越自我或无我的那种无我之修行。你明白这意思吗？

对于持戒而言，这也是通用的。如果你用很大的力气去持戒，那不是真正的持戒；当你并没有要去遵守戒律却遵守戒律时，那便是真的在持戒。我们最内里深奥的本性会帮助我们。若我们能理解到戒律是我们内在深奥本性的表现，那便是“道”之本然。然后，将无有戒律。当我们在表达最深奥的本性，根本没有戒律的必要，所以我们不是在持守任何戒条。就另一方面而言，我们亦有相对的本性存在，所以我们想要谨持戒律。我们感觉到持戒的必要性可以帮助我们。而当我们能够从这负面的或有禁制意味的角度来理解戒律时，那也正是我们真性灿然盛开之际。因此我们要做出如何守戒的选择：负面性和正面性的。再者，当我们觉得无法持守所有的戒律时，我们可以选择那些自己觉得有把握的戒律来遵循。

戒律不是由某人所设下的规则。既然生命是我们真实本性的展露，如果这展现出了点问题，佛陀就会说："那不当如此"；然后，便有了戒律的出现。实际的事件或事实发生在先，而非戒律制定在先。所以戒律的性质是，我们有机会来选择我们的戒律。如果你这么做，你会有这些戒律；如果你那么做，你会遭逢其他的戒律。不管你怎么做，完全取决于你。首先，你应该仰赖你的师父，这是最佳的方式，而且你从遵循那些有禁制意味的戒律开始入手。当你对我们修行之道越来越熟悉的时候，你会更为正面性地来持戒。

一位老师如何指正学生的错误是非常重要的。如果作为老师，认为徒弟的作为只是个错误，他不是真的师父。徒弟所做的也许是错的，但就另一方面来说，错误也是徒弟真实本性的展现。当我们理解到此，我们能尊敬学子的真实本性，而且在指点其错处的时候，我们将会非常小心。

佛经中载有怎样细心周到地指正弟子之道，共有五点。第一点是，师父要选择恰当的时机，而不是当着众人的面贸然指责徒弟所犯之错。若是可能的话，师父应在一个合适的时间和场所，亲自告诉徒弟他所犯的过错是什么。

第二点是，老师应该铭记要做到正确实在。这是说，老师指出学生的错误，不仅仅是因为他认为学生有错；当老师明白了为什么徒弟会这样做的原因，然后他才能正确实在。

第三点是，做老师的要柔和平静，以较低的语调对徒弟说话，而不是狂喊叫嚷。这也是很微妙敏感的一点，如同上述的正确实在；但此处，经文所强调的是以一种平静、委婉的态度来陈述某人的错处。

第四点是，老师给予学生忠告或明示其错处，只是为了帮助他，而不是要宣泄胸中待发之怒气。这里，老师要非常留意学生是否在为自己的行为找借口，或者他并不那么严肃认真。若是如此，老师应该不理会他，直到他转变得较为认真向道。即使我们是为了要帮助学子而给他们种种劝告，这也并不表示总是让他们事事轻松容易。有时我们应该对学生非常严格，不然，我们不能真正地帮助他们。

最后一点是，以慈悲指出学生的错处。这是说，老师不仅是老师，同时还是弟子的朋友。以一个朋友的身份指点出弟子的一些问题，或给予忠告。

所以，不论做一个师父或弟子，都不是一件容易的事，而我们也不能依赖任何规则，甚至连戒律亦不可依赖。我们要尽最大的努力来帮助彼此修行。而且，我们不是为了戒律的缘故来遵守戒律，或者为了仪式的完美来修习仪轨，我们是在研修如何表达我们的真实本性。

纯净之丝，锐利之铁

“我们湅丝的方式，是把丝淘洗许许多多次，直到纤维变得够洁白、柔软、易于编织。我们炼铁，是趁它炽热的时候再三捶打——不是为了去锤炼、塑型，而是要使它更为坚硬。”

上星期，一个主日学校的孩童看见我坐禅，她说：“我也可以做这个。”于是她盘起双腿，然后说：“再来呢？再来呢？”我对她的问题颇感兴趣，因为你们许多人亦有同样的提问。你们每天前来禅中心打坐，而且问我说：“再来呢？现在要做什么呢？”

我不认为我能完全地解答这个问题。这不是一个可以被答复的问题，你应该自己去寻求答案。我们以正确的禅坐姿势打坐，所以能够通过身体来体验某些事物，并非从我的教授，而是从你的亲身修行而有所体验。然而，能以某一姿势禅坐，并达成某一种心灵境界，其实不是完美的修习。在你对自己的心灵和身体有完整的体验之后，也将能用其他的途径去表达它。

不需执着于一种正式的禅坐姿态，你自然地会以各种方式将你的心态传达给他人。不论是坐在椅子上、站立、工作或言谈，你都拥有同样的心境。在你的心灵状态中，你不黏着于任何事，这是我们修行的目的。

昨天，我有一位日本访客谈到日本文学的事。自公元600年或700年左右，日本人开始研究中国文字和中国文化，并且在使用中国文字一段时间之后，建立了自己的文字书写系统。在(美国)这里的修行，相同的情况也会发生。在日本政府停止遣送留学僧到中国研习文化一百年后，日本衍生了绝妙精致的文化。特别是在藤原氏时代，日本本土发展了华美的文学和书法，其中有极大的自由度。艺术家和学者们不仅尝试各式各样的专业研修，研究艺术、哲学与宗教，而且还传授各种法门。

藤原时代之后的那段时期就没有那么辉煌了。根据我的客人所述，某些后来的日本书法太过正规，而且大大展示了艺术家“自大的自我”，我们不能在他们的书法里看出任何个性。在艺术作品中，我们所见到的艺术家的个性，应是经过训练陶冶的，而且没有太多的自我显现。我想你们能够明白个性和自我之间的不同之处。“自我”是掩盖你优美个性的事物。每个人都有其特质，但是如果不训练自己，你的特质会被自我所覆盖，你不能欣赏自己的个性。

经过长时间的修行和训练，我们终能去除自我。在日文里，有一个表达这种训练的字眼是“湅”（neru）。我们湅丝的方式，是把丝淘洗许许多多次，直到纤维变得够洁白、柔软、易于编织。我们炼铁，是趁它炽热的时候再三捶打——不是为了去锤炼、塑型，而是要使它更为坚硬。等到铁块冷却了再捶打它，是不会有作用的，训练之理亦同。当你年轻的时候，你有很多的自我及强烈的欲望，经过修行训练，你磨损和洗净自我，你变得相当柔软，像是纯净的白色丝绸。即使你有很强的欲望，如果你深深锤炼它们，你会成为强固锐利的铁器，犹如一把日本刀。这是我们得以训练自己的方式。

这不该是我用嘴来谈的事，应该是我以每天的行为举措来向你们展现的事。可是那可不大妙，我很担心你们只会学到我的短处。我们须知为什么要修习坐禅的原因，而且必须能够分辨什么是真正的好，以及什么只是“看起来好”。这当中有很大的差别。

除非你经过严格的修习来训练自己，你不会有明眼得见，也不会有感觉去欣赏真正美好的事物。只有当众人有眼辨识、有感于某物的美质时，才会有良好的老师和学生。这是彼此间相互的修行。佛陀是伟大的，因为当时的人们是优秀的。当人们没有准备好的时候，那里不会有佛陀的出现。我不期望你们每个人都成为了不起的老师，但是我们必须有明亮的眼睛去看到什么是好的、什么不太好。这种心境，可经由修行习得。

即便是在藤原时代，中国文化和书法的成就也远超过日本。中国人有各种的毛笔，比起日本人来，中国人使用毛笔的机会较多。日本人只有少量的材料来制造毛笔，日本虽产不少的竹子，但是只有少许的羊毛或动物毛可用来制笔，所以日本人在书法上的训练比中国人更为有限。但是，即使在日本人完全精擅于中国书法艺术之前，他们已经开始了一种风格非常独特的日本书法，我觉得这是很有意味的。

历史上，佛教徒向来对这点极为诚挚，那是为什么有“法”传承的原因。中国的大师特别强调传承。在你能自师父之道中解脱以前，完全地精擅它是必要的。那是非常艰辛的修持，也是为什么要花很长一段岁月才能成为一位禅师的原因。这不是就知识而言，亦非指某些神奇的力量。重点是，是否此人受到足够的训练，像是纯净的白丝和极为锐利的坚铁。到那个时候，无须努力尝试做任何事，你能够真实地表达你的个性。如果从某人的作品中我们无法看见一点真实的个性，就说明他还没有消除他的自我习性。

我自己的习性是漫不经心、粗心大意。我天生就十分健忘。虽然 13 岁从学于我的师父时，就已经开始面对这个毛病了，至今还是没有改进多少。不是因为年老才健忘，是我的性格使然。但因为多年来面对它、处理它，我发现能够去除自己处事时自私的方式。如果修行和训练的目的只是为了要改正你的短处，我以为那几乎是不可能达成的。即使如此，改进它们仍属必要，因为当你这么做的时候，你的特质会受到冶炼，而你将从“自我”当中解脱自在。

人们总说我极富耐心，但事实上我也有不耐烦的特质。我的本性全然不具耐性。我不再想要去改正它了，但我不认为过去的努力是白费的，因为如此，我研修了许多事情。为了矫正我的习性，我必须非常有耐心，而且在人们批评我的健忘毛病时，我也得非常有耐心。“喔，他是这么善忘，我们真不能信赖他。对他，我们该怎么办呢？”

我的师父曾经每天喝斥我：“这个健忘的孩子！”然而我只想继续跟从他修学，我不愿意离他而去，不管他说什么，我都能忍耐承受。所以我想，这也就是为什么我可以对他人的批评深具耐性的缘故。不论他们怎么说，我不大在乎；对他们，我也不太生气。若你能了解以这种方式训练自己有多重要，我想你将明白佛教是什么。这便是我们修行中最为重要的一点。

第四部

不论我到何处，皆与自己相见

“这就是佛所教示的秘密。也许是如此，但不总是如此。不被文字或规则所拘束缠缚，也没有许多预设的成见，我们真实地做一些事情；而且经由实际从事某些事，应用了我们的法教。”

也许是如此，但不总是如此。不被文字或规则所拘束缠缚，也没有许多预设的成见，我们真实地做一些事情，而且经由实际从事它们，我们应用了法教。

初心

严格执着于某事是一种懒惰

“真正的自由，是当穿着这套麻烦的、正式的禅袍时，不觉得被局限。同样地，在我们繁忙的生活中，我们应该穿上这套‘文明’的服装，但不被其所干扰，也不予以轻忽，更不被掌握。”

佛经里有一段著名的经文，解释水不仅仅是水之理。对人类来说，水是水；对天界的众生而言，水是珠宝；对鱼类而言，水是它们的家；对地狱或饿鬼道的众生，水是血，或者是火，如果他们想喝它，水将转变成火焰，而他们将无法饮用。同样的水，就各道众生之眼看来，差别相当悬殊。

大多数人以为“水是水”是正确的理解，所以它不应是所谓的家屋或珠宝，血液或火焰。水应当就是水。但是道元禅师则说：“即使你说‘水是水’，却也不是全然正确的。”

当我们修习坐禅时，我们也许以为：“这即是正确的修行之道，我们定会获得某些正确与完美的成就。”然而，如果你请示于道元禅师，他或许要说：“并不尽然。”这一点，倒是一个可以让你好好参究的公案。

当我们说“水是水”时，是从物质的层面来领会事物。我们说水是 H_2O，但在某些状况下，H_2O 或者是冰或雾，也可能是蒸汽或人的身体。只有在一些情境下它才是水。为了方便起见，我们暂时称水是水，然而我们应该认识水的真正性质——水不只是水。

当我喝水的时候，水是一切，整个世界皆为水。除了水之外，没有一件事物存在。当我们能以这种理解和态度来喝水时，那是水没有错，但在同时，它不仅仅是水。

在我们修禅时，“只管打坐”，我们其实正涵容了一切。除你之外，别无其他，那是“只管打坐”，我们成为完整全然的自己。我们拥有所有的事物，完完全全地心满意足。没有什么需要去成就、获取，因此我们有一种感恩或喜悦的心境。

我想，我能明白为什么你们习禅的原因。大部分人在寻求某些事物。你在寻找什么是真正的、实在的，因为你们已听闻了许多难以置信的事。你甚至不是在寻找美丽的事物，因为你早就发现，看起来美丽的事物不见得真的美丽，那只是事物的表象或一种装饰。你也察觉人们有可能是伪善的，许多人看来似乎具有德行，但无法表达出真切的感恩或喜悦的心，所以你不信任他们。

你不晓得该相信谁，该信赖哪一个教法，所以你前来寻找某些答案。你在追寻的事物，我不能给你，因为我自己并不相信任何特别的事。我不会说水是水，或水是珠宝、家屋、火焰或鲜血。正如道元禅师所述，水不只是水而已。我们总想要执着于正义、美丽、真理或道德，但是寻找那样的事物并不明智，并不仅是如此而已，还有更多的。

我注意到你们都喜欢旅行，今天去阿拉斯加，明天到印度或中国西藏。你在寻觅什么，不论是烈火、一颗宝珠或其他的种种，当你理解到并非总如是，你不会再相信这些事物，而你寻找真理的方式将有所改变。不然，你就会执着于某事。

寻找像佛教一样伟大的教法，是在寻求一些美好的事物，不管你找到的是什么，你会像一个观光客。即使你不是搭汽车旅行，但在精神性修持上，你是在观光游览："喔，多么美好的教法！这是真实、真正的教示！"变成观光客是修禅的危机之一。要小心了！被教法所诱惑，一点都没有帮助。不要被事物所愚弄，尽管它们看起来美好或真实，那只是不能当真的儿戏。你应该相信佛、法、僧的真实意义。

真正的自由，是当穿着这套麻烦的、正式的禅袍时，不觉得被局限。同样地，在我们繁忙的生活中，我们应该穿上这套“文明”的服装，但不被其所干扰，也不予以轻忽，更不被掌握。不必到某一处，也不须逃离此地，我们能在这繁忙的生活里找到沉着安定。

道元禅师说，就好比是个船夫，虽然他被船所负载，但也同时在控制着船筏——这便是我们如何活在这个世界之道。即使你了解处世的道理要如一位船夫，但那不表示你可以做得到。这是十分困难的，也是我们之所以要修习坐禅的原因。

昨天我说道：“不管你的腿如何酸痛，你不该移动。”有些人也许从字面上来领会其含义。我真正要说的是，你修习坐禅的决心应该是无所动摇的。如果腿太痛了，你可以改变姿势，但心志应该坚定不移。而“应该”在这里亦是个好例子，并不见得必须要这样。

曹洞宗的秘密只是两个字：“不必。”唷——在英文里是三个字（Not always so）。在日文中，则是两个字，

“不必”。[1] 这就是佛所教示的秘密。也许是如此，但不总是如此。不被文字或规则所拘束缠缚，也没有许多预设的成见，我们真实地做一些事情，而且经由实际从事它们，我们应用了法教。

严格地执着某事是一种懒惰。在你从事难事以前，你想要了解它，所以被文字所捆绑。当你有足够的勇气不去妄评什么是对、什么是错，而能接受周遭环境，此时，你所曾接受的教导将会有所帮助。但若你被教法局限住，你会有双重的问题——你应该跟随教法呢，还是按照自己的方式。这一问题的产生，是由于执着教法所致。所以，修

---

1 这里，揣摩铃木禅师之原意，是翻译者的一个挑战。从铃木禅师的美国弟子间难以查对。经反复研究切磋，我认为铃木禅师所谓 Not always so 可有以下数种译法：“不是”——引据处，见曹洞宗要典《从容录》第六则“马祖白黑”：“……黄檗道。欲要直捷会。一切总不是。万松道。端的委细会。一切无不是。”

《从容录》第十六则“麻谷振锡”：“师云。此个公案。全在是与不是处。章敬道是。南泉道不是。丛林扰扰是非里走作。若无把定乾坤眼。尽是髑髅前见鬼。”

第二十则“地藏亲切”：“尔但是则总是。莫坐在是处。不是总不是。莫坐在不是处。兼通五位正偏。岂可死在句下。只这法眼悟处。也是偶尔成文。”

又，另外可能的译法，则是禅宗常用的表达“不与么”“非是”，或“不尔”“不然”。文意亦雅致。

然根据旧金山曹洞宗奥村正博禅师，则以为可翻成“不必”——此是道元禅师之特殊语法，为拆解我们习惯性的概念理解之用语。见《正法眼藏》Shobogenzo Keiseisanshoku “溪声山色”：眼处闻声これ何必不必なり；Shobogenzo Kuge “空华”：このゆえに不必なるを自というなり。从铃木禅师对道元禅法的尊崇及上下文之文意来看，故取“不必”。

行应是优先，然后运用教法。

我们修习坐禅，就如同某人正濒临死亡，没有任何事可以仰赖，也没有任何事可以依靠。因为你接近生命的终点，你不想要任何事，所以不会再被任何事所愚弄。

大多数人不但被种种事物所愚弄，也被自己所愚弄，被自己的能力、美貌、自信或前途展望所愚弄。我们应该知道是否在愚弄自己。当你被其他事物所欺瞒时，伤害不是那么巨大；但当你被自己所愚弄时，那是致命的伤害。

你也许对这种禅道的生活方式或属世的生活有抵抗心，然而，不要在抵抗心里失落了。你明白吗？如果你深深地卷入抵抗或奋战，你会失去自己，你会丧失力量、朋友和父母。你会失去一切，你的自信、你眼里明亮的光彩。你不过是一个死去的身躯罢了！而没有人会说："喔，我真抱歉。"没有人会这么说的。在镜中望着自己的脸，看看你是活着还是死了。即使你修习坐禅，但假如你不停止被各种事物所愚弄，那绝对帮不上什么忙的。你了解吗？

让我们努力修行，趁我们活着的时候。

初心

修行，即以佛教徒的方式阐说生命之道

“当你以全部的身、心来探究某事时，会生出直接的经验。若你相信自己有些问题，表示你的修行还不够好。假如你的修行功夫够好，那么，不管你看见什么，做什么，都是对实相的直接经验。”

道元禅师曾经说过：“山岳与河川，大地和天空——每一件事，都在鼓励我们开悟。”同样地，我开示的目的，是鼓励你去证得觉悟，对佛教具有真实的体验。即使在研读的时候，你以为自己是在学习佛教，但却可能只有知识性的理解，而不是一个直接的经验。

知识性的理解是必要的，但不会使你的学习完整。这不是说忽略知识性的理解，或开悟与知识性的理解完全不

同。对事物真实、直接的体验可以被智性化，而这种概念性的解释，能够帮助你有直接的经验。智性的理解与直接的经验都是必需的，然而，了解它们的差异却非常重要。有时你也许以为某事是个开悟的体验，但其实只是知识性的、智性的。这是为什么你需要一位真正的老师，因为他知道两者间的区别。

所以，当我们研究佛法的时候，拥有坚定的信心是必要的，而且我们不但以心灵，也以我们的身体来研习佛法。如果你来这里听法，虽然你很想睡，不能够真正聆听，但你的出席会带给你一点开悟的经验，那将是开悟的本身。

当你完全与活动合为一体时，直接的经验便会发生，那时，你没有“自我”的概念。这或许在你打坐的时候发生，但也可能在你求道的心变得足够强壮，而能忘记自私的欲望时发生。若你相信自己有些问题，表示你的修行还不够好。假如你的修行功夫够好，那么，不管你看见什么，做什么，都是对实相的直接经验。这一要点要牢记。通常由于不知此点，我们总是涉入批评判断之心，所以我们说“这是对的，那是错的”，“这是完美的”，以及“那不怎么完美”。当我们真实修行时，这些判断似乎显得荒谬可笑。

有时候我们或许会说，对于佛教徒而言，没有一件事是有问题的。不管你做什么，你认为“佛在做这事，不是我”，或“佛要负责任，不是我”。但是如果你以此为借口，则是误解。我们说“万物皆具佛性”，是为了鼓励你有一个实际的经验，不是要给你的懒散修行或给你徒具形式的修行找到口实。

在中国，人们有时把东西顶在头上，也许是一大坛的蜂蜜或水。有时候，有人不小心把头顶的东西掉到地上，这固然是很大的错误，但如果你不回顾，也没什么。你只是继续行走，即使头顶上已经没有蜂蜜或水。如果你持续前行，那便不是错误。但是，假如你说：“喔！我失去了！我的天呀！”那就是一个错误了。那并非真正的修行。

当一个技能高超的武术专家使用刀剑时，他应该可以从朋友的鼻子尖儿斩下一只苍蝇，却伤害不到朋友的鼻尖一丝一毫。如果有一种“会割到鼻子”的恐惧感，那不是真正的修行。当你在做某事的时候，应以一种强烈坚定的决心去做它！咻！（剑划裂空气的声音）没有是不是技术高超、是不是危险与否的知觉，你就这么做它。当你以这样的决心来从事某事，那是真的修行，亦是真的开悟。

这种坚定的决心，在成就生命上，超越“成功”或

“不成功”，超越任何恐惧的感觉，你只需要放手去做。这是真的修行，并且是求道之心，超越好与坏、对与错二元对立的观念。你只管去做。

那也是我们如何修习四弘誓愿[1]的方法。我们帮助众生，因为我们誓愿如此，不是因为以为会获得成功。众生的数量无边无尽，所以我们不知道是不是能够全然地利益一切众生。然而，那倒是无所谓。只要我们在这里，我们应持续帮助众生的这一种修行。

我们对佛法的理解没有止境。不论我们了解与否，我们继续努力去悟解它。当我们以此坚毅的心态来研习佛法，我们就会遇到有价值的法教，那种罕见稀有的、千载难逢的法教，其他一般的教示与这绝对的教义是难以相提并论的。

难以比拟的教授并不表示它是最好的。如同道元禅师所说：“我们不应以比较的心态来讨论教法的意义，而是强调如何去修行。”我们把研习的注意力放在如何接受教导和如何遵循教导而生活上。不论我们的教法是深奥的或高远的，那不是重点，重点是发展我们参究的态度。这是禅的特质，也是真正佛教的特质。与其架设起一个佛教体

1 四弘誓愿：众生无边誓愿度，烦恼无尽誓愿断；法门无量誓愿学，佛道无上誓愿成。

系，不如我们真实地修行。

所有我们的戒律，只是使得修行更为容易，不是要使门槛变得更高，而是对每个人敞开我们的大门。我们知道修行是如何的困难，所以设置一些戒律来帮助你修行。如果没有一根柱子让你攀爬，你将很难体会到有朝一日从柱子顶端跳下来的经验。假如婴幼儿没有玩具可以玩，他将很难有一个身为人类的真切经验。我们的戒律就像是一种玩具，有助于我们体验怎样来做一名佛教徒。这不是说玩具一定必要，但当你年幼的时候，它是必要的。

因此，不需要一直执着于戒律。最要紧的是延展你生命的方式，使之更深、更广。当你准备好去欣赏各种事物，拥有一个美丽的瓷碗就不是那么必需了。不管如何，事物总是在鼓励你修行。如果你能真正地享受生命，即使身体受到损伤，也不妨事；即使死去，亦没有问题。当你被每一件事物鼓舞激励着，而且了解到每一件事物总是在协助你，那么，死去或活着，无所差别。没有问题，完全没有问题。那便是彻彻底底的舍离。

你的修行将会使你有足够的活力朝气，让你能继续不断地修持下去，不论生或死。以此途径，开悟是可以被解释的。怎样以这种方式来修行，则完全取决于你。我不能说明你对佛教的了解，你应该以个人的方式、作为佛教徒的方式，来阐说生命之道。

我的开示仅是帮助你修行。你不能严格地遵照，但是，也许能给你一点建议吧！

初心

专注：成就心的平静和清明之道

"你接受念头，因为它已经在那里。对它，你无能为力。没有必要试着去摆脱。这不是对与错的问题，而是怎样坦白地以一颗开放的心，接受你正在从事的活动。"

真正的专注不是只将注意力集中在一件事上。虽然我们说"先做一件事，再做下一件事"，它的真正含义其实很难解释。无须努力专注在任何事物上，我们已预备好专注于某些事物。例如说，如果我的眼神固着于禅堂里的一个人，就不可能把注意力放在其他人身上。所以，当我坐禅的时候，我并不着力观照任何一人；那么，如果某人挪动了，我便可以制止他。

观世音菩萨是象征慈悲的菩萨，有时他被描绘为男相，同时他也显现女相。有时他具有救助众生的一千只手，但是，如果他只专注于一只手上面，另外的九百九十九只手就不会有什么作用了。

自古以来，修行的主要重点是拥有一颗清明、平静的心——不管你做什么事。即使你正津津有味地大啖某些食物，你的心也应有足够的平静，去欣赏那准备菜肴的辛劳，以及制作杯盘、碗筷等每一件器皿的努力。以一颗宁静的心，去赏识每一道蔬菜的滋味，一个接着一个的。我们不添加太多的作料，所以能够享用每一蔬果的本来的味道。那是我们如何烹煮食物、如何品尝它们的方法。

“认识”某一个人，是感受其人的风格——你从这个人身上所感觉到的是什么。每一个人都有他或她的独特风格，一种特殊的气质，于其中，许多的感觉呈现出来。为了完整地欣赏这种风格或气质，须与其有良好的关系，然后我们能够真正地友善。“友善”的意思不是说攀缘于某人，或试着取悦他们，而是完全地欣赏他们。

为能赏识事物以及众人，我们的心必须是平静而清明的。所以我们修习坐禅或“只管打坐”，而没有任何要得到什么的念头。此时，你是你自己，你“安置自己在自己之上”。以此修持，我们有自由，但是，佛教中的禅所说的自由，和你所称的自由，或许并不一样。为了成就解脱，我们盘腿端坐，让你的眼睛和耳朵对一切事物开放。这种“准备好”或开放的心态是重要的，因为我们可能倾向于极端，攀缘执着于某事，如此一来，将失去自己的宁静或如明镜映照万物般的心。

禅修是我们成就心的平静和清明之道，然而，我们却不能在身体上强迫自己，或制造出某种特别的心境来达到。你也许以为有一颗如明镜映照万物的心才是修禅；这没有错，但是若你修习坐禅的目的是为了要“得到”那种如明镜般的心，那不是我们所指的修行，却变成了所谓“禅的技艺”。

“禅的技艺”和“真实的禅”不同之处在于——不须努力尝试，你已经拥有真实的禅；当你努力试着要做什么，你便失去它了。你若在一千只手中将注意力集中于一只手上，便失去了其他九百九十九只手，那就是为什么我们说“只管打坐”的原因。这不是说要全然地停顿你的心，或完全地专注在出入息上，虽然那或许有所助益。在修数息的时候，你也许觉得无聊，因为对你而言这没什么意思，于是你失去了对真实修行的理解。我们修习专注，让心跟随着我们的呼吸，以此，我们不至于卷入一些复杂的修持法门，企图要达成某事而失去自己。

在“禅的技艺”里，你奋力尝试要像一个技术高超的禅师，具有极大的力量，精进地修行："喔，我希望就像他一样。我必得更努力才行。""禅的技艺"专注于怎样画一条直线，或怎样控制你的心。但是，禅是属于每一个人的，即使你无法画好一条直线。如果你能画一条直线，就画一条直线，那是禅。对一个孩童来说，那很自然，即使线条本身并不直，也是很美的。因此，不论你是否喜欢盘腿的姿势，不论你认为是不是能够做到，如果你知道坐禅的真义，你就能够这么去做。

我们修行中最重要的事，就是遵循日课时间表，与大众共同修行。你也许说这是集体修行罢了，但其实不然。集体修行是大不相同的，是另一种技巧。在第二次世界大战期间，一些年轻人由于受到日本军国主义的激励，对我念了这一段从《修证义》[1]辑录的语句："明了生与死，是佛家修行的大事因缘。"他们说："即便我对佛经一无所知，我可以轻易地赴死于战场前线。"那是集体修行。被号角、枪炮、呼号之声所煽动着，很容易地就战死了。

那种修行也不是我们的修行。虽然我们与其他人共修，我们的目标是与山岳、河川、树木和岩石，与世界上

---

1 《修证义》，日音 Shushogi，后人由道元禅师所撰的《正法眼藏》中浓缩编录而成，共分五章，是现代曹洞宗要典，此处与《正法眼藏》原典稍有出入。

的一切事物、宇宙的万物一起修行，而且在这大宇宙里找到自己。当我们在这个大世界中修行，我们直觉地明白该走哪一条路径。当周遭环境给予你一个征兆，显示出你的道路，即使你不知道如何去遵循，也会朝正确的方向前行。

以我们的方式来修行是好的，但是你也许正用一种错误的观点来修持。如果你仍能了解到："我有一些误解，但即使如此，我不能停止继续修行。"你就没有必要担忧。如果你打开自己真实的眼界，坦然接受卷入错误观点里修持的自己，那是真正的修持。

你接受念头，因为它已经在那里。对它，你无能为力，没有必要试着去排除。这不是对与错的问题，而是怎样坦白地以一颗开放的心，接受你正在从事的活动，那是最重要的一点。当你修习坐禅，你可接受那正在妄想的自己，不需从现有的影像里解脱。"喔，它们又来了"。如果禅堂里某人向这边摇动，"喔，他在挪动了"。如果他停止动作，你的眼神还是保持不变，这便是当你的眼睛不专注在某一特别的对象物上所观照事物的方式。以此法，你的修行会包含每一件事，一物接着一物，而且不会失去心的平和宁静。

这种修行的范围没有尽头。把这法门当作基础点，我们便有真正的自由。当你从好或坏、对或错来评定一己的价值，那是比较性的价值，你失去了自己的绝对价值。当你们以无限的衡量尺度来评价自己，每一个人都将成为真正的自己。那已足够，即使你仍认为自己需要更好的衡量尺度。若理解这一点，你会明白，什么是对人们以及一切万物最真切的修行。

不论我到何处，皆与自己相见

“只要你仍然执着于自我的观念，费尽力气要增进自己的修持，寻求某些事物，或试着创造出一个改良了的、更好的自我，那么，你的修行已经误入歧途。你没有时间去达成那个目标。”

大多数人想知道“自我”是什么，这是一个很大的问题。我试着想了解为什么你们有这个问题。在我看来，假使你想要理解你是谁，那将会是一个无穷尽的试炼，而你将永远看不到自己。你说打坐而没有妄想是困难的，但是努力思索你是谁更加困难——要达成一个结论几乎不可能。如果你继续尝试，你会发疯的，而且你不知道该对自我怎么办才好。

你们（西方）的文化，奠基于“自我改善”的观点上。“改善”或“改良”的概念，其实相当具有科学性。在科学意识里，“改良”的意义是，与其搭船到日本，现在你可以搭乘巨型喷气客机。所以“改良”的基础是比较性的价值，也是我们社会和经济体系的基础。我知道你们拒绝所谓“文明”的观念，但你们并不排斥“改良”的观念。你仍然想改进一些事。也许你们当中大多数人打坐是为了要改进你的坐禅，然而，佛教徒并不那么强烈地执持于要有所“改良”的观点。

当你修习坐禅，试着要改善自己，你也许比较想要以心理学的方式来了解自己。心理学将能告诉你有关于自我的某些面向，但是它不能告诉你你是谁。心理学只是就你的心做出多种阐释中的一种。如果你去见一位心理学家或精神病学医师，你会有关于自己无尽的新知识。只要一直去看医生，或许感觉有点慰藉，觉得从所肩负的重担里被释放开来，但是在禅法里，我们理解自己之道与此大相径庭。

中国曹洞宗的创始者洞山良价曾说：“不要尝试客观地看你自己。”[1] 换句话说，不要尝试去寻找有关于你自己

1　此指“切忌从他觅，迢迢与我疏”。参见本书第三部第四章“对己慈悲”之译注。

的、客观实相的知识，那只是知识讯息。他说，真的你和你有的任何知识非常不同。真的你不是那样子的。他又说道：“我走自己的路。不管我到何处，皆与自己相晤。”[1]

洞山良价驳斥你去攀执有关于自我种种资讯的努力，并且说，须使用自己的两条腿独自前行。不管别人说些什么，你应该以自己的方式往前走，但是在同时，你也应与大众一起共修。那是另一个重点。意思是，由于和众人共修之故，你方能与自己相晤。

当你看见某人正认真地修行着，你也同时看到自己。如果你被某人的修持深深打动，你或许会说：“喔，她修得真好！”那个“她”其实既不是她，也不是你——“她”的含义比那还多些。什么是“她”？仔细想了一会儿之后，你也许说：“喔，她在那里，而我在这里。”然而，在你被她的修行所触动之际，“她”既非你，亦非她。当你被某事所打动时，那实际上是真正的“你”；此处，我很迟疑地用“你”这个字，但是那个“你”，正是我们修行的纯粹经验。只要你仍在努力尝试着要改进自己，你就有一个自我的核心观点，那便是错误的修行，不是我们所意指的修行。

---

1 此指“我今独自往，处处得逢渠”。

当你把心放空，当你放下一切，以一个开放的心态，只管修习坐禅，那么，不论你见到什么，皆与你自己相晤。那是“你”，超越了“她”，或“他”，或“我”。

只要你仍然执着于自我的观念，费尽力气要增进自己的修持，寻求某些事物，或试着创造出一个改良了的、更好的自我，那么，你的修行已经误入歧途。你没有时间去达成那个目标，所以你最终变得疲惫不堪，而你要说：“禅毫无用处。我打坐十年了，但是却没有得到什么！”然而，如果你仅仅是前来这里与诚挚的修行者一同共修，在他们之中发现自己，而你继续那样不间断地修习下去，那就是我们的修行之道。无论你到什么地方，都能有这般体验。正如洞山良价说的：“不管我到何处，皆与自己相晤。”若他看见水，那即是面见他自己；见到水，对他而言，便已足够，即使他不能看见自己在水中的倒影。

所以，了解自己的方法，并不是客观地看待自己，或者从不同的渠道收集资讯。如果人们认为你疯疯癫癫的——“是的，我疯了。”如果人们说你不是个好弟子，那也许没错，“我虽不是一个好弟子，但我非常努力。”那就够了。当你以此态度来打坐时，你接受自己，并且接受每一件事。每当你卷入各种愚蠢问题时，与你的问题一起打坐。在此时，那即是“你”。若你试着要逃离你的问题和麻烦，便已经是错误的修行了。

若是你固守自己所制造的概念牢牢不放，像是一个自我的观念或客观的现实，你会失落在那个由心所想象的客观世界里。你创造万事，一件接着一件，无有止境。也许你创造了各式各样的世界，而且创造并观看许多的事物是十分有趣的，但是你不应该迷失于创造物当中。

修行的另一个面向是：我们思想，我们行动。我们并不是尽力去变成一块石头。每一天的生活，都是我们的修行。与其被妄想心或想象、情绪的活动所奴役，我们不如以其真实的意义来思考。念头来自于我们真正的自我，自我则涵盖了一切事物。在我们想到树林、小鸟、所有万物之前，它们都在思想着；当它们思想时，或是呻吟，或是鸣唱——那是它们的念头。我们没有必要去想更多。如果我们明见事物如其本来之面目，念头已经在当下；这种纯粹的念头，是我们在修行中所有的念头，因此之故，我们也一直有从一己之中解脱的自由。我们能够看见事物如其本然，同时，亦能思想万物。因为我们不固着于任何特定的思想标准，对我们来说，既无正确之道，亦无错误之道。

修一颗大心，涵容一切

“不被修行所束缚，你能与一切事物分享你的修行。那便是如何在自己身上建立你自己。你已全然有准备去包含一切事物。当你涵容一切事物，那是真的自我。”

我们修习坐禅的原因，是要当一切事物的老板，不管我们身在何处。但是如果我这么说的话，会制造出一种误解，即你是每个人或所有事物的老板。当你那样理解的时候，你的存在，成为你心中的一个概念，那不是我们所指的“你”。那不过是一个错觉幻象，因为你的概念并不被你的修行好好地撑持着，而你将被“你”和“他人”的观点所束缚。当真正修行的力量支持着你的理解时，那么，那个修行我们之道的“你”，就是一切事物的老板，是你自己的老板。

这就是为什么佛陀说要掌握你的自我。你必须有所掌握的那个自我，是幻妄错觉的你，不是真的你。对于你是谁，你已有一个概念，而且被那概念所牵制。你被“幻妄的你”所奴役，所以你产生重重问题及迷惑。当这些观念被你修行的力量掌握时，那个“你”便是一切事物的老板。而后，即使是一颗困惑的心，也会被你的修行所支持。

在修习坐禅的时候，声音进入你的耳朵；你也许听到了各种各样的声音，有时在你的心里生出各个不同的观点意见，但如果你的修行功夫颇佳，你的修行将拥有或包括所听到的一切事物和意象。它们都是你的一部分。你的修行够强，因此能拥有它们，而不至于成为它们的奴隶，就如同你拥有双手和眼睛一般。

有时你握着某物的时候，看来好像左手和右手不大合作，但是它们正试着一起运作。当你真的是一切事物的老板时，即使看起来像是困惑的状态，其实并不是迷惑。从外表看来，你正在做一些错事，人们也许会说：“喔，他在做错事。”但是那只是他们的理解。因为你拥有一切，所以并不是在做什么错事，而且你管理事物，就如在运用双手。

你让自己与一切事物共同存在，也让一切事物以它们自己想要存在的方式而存在。那是修行的力量，与做错事是非常不同的。若某人做错了事，他会受苦，但是对你而言，你没有苦痛，只是以某些方法来管理事物，如同它们是属于你的。

你也应该以这种方式来遵循戒律。你持守戒律，不是因为必须遵从佛陀的话语，而是要延伸真实的修行到每天的生活当中，或者在自己身上安顿自己。这一自我包含一切事物。有时我们说延展修行到每天的生活，就是要完全地涉入活动，或与事物合而为一，但是这样的说明并不清楚，于是你会说，喜好棒球或是沉迷于赌博同样是修行。但那不是修行，因为你被制约。你不是赌博的老板——赌博才是你的老板。你的修行起不了作用，你被自己心中所制造出来的某些事物所绑缚着。

你的心旋转着，制造出一些妄想；你只有想占便宜或投机的主意，仅此而已。因此，你被自己和赌博所缠缚，完全不是在修习坐禅。你不是老板，你并不拥有你的心，甚至不拥有你的双腿，因为当你早晨一起身，你的双腿就想到内华达州的雷诺城赌博去！你的修行并不支持你的腿。那便是不同之处。

所以，与某事为一，不是说被它所控制。当你变成了心中某些事物时，你就被制约了。你在心里创造了一些有趣的事物，你变成容易听信的，很有热情想要成为心中想象出的成员的一分子；你被它所奴役，除了心所制造出来的之外，什么也没有。毫无修行，丝毫不能支援你的事物。你不是老板，更失去了自己。那是不一样的地方。

所以我们说修习坐禅，而不带有任何想得到什么的念头，没有任何的企图目标。让事物顺其自然如其运作，支持所有事物，如你本来具有。真正的修行，有其定位与方向，但却没有目的或获取的想法，因此它能够涵容发生的一切。不论是好是坏都无妨。如果不好的事情出现了，“好的，你是我的一部分”；如果好事发生了，“喔，好的”。因为我们不具任何特殊的终点或目的，什么事显现了都没有关系。

既然涵容一切，我们称之为“大心”。不管是什么，“大心”包含于我们之内，我们拥有它，所以我们称呼它为“大心”，或“没有目标的目标”或“无舌之舌”。即便我在谈论某些事物，其实没有目标。我只是跟自己讲话，因为你们是我的一部分，所以我的开示没有目的。某些事在进行着，仅仅是这样罢了。某些事进行着，是因为有与一切事物分享修行的真正喜悦。

当你修习坐禅，所有的万物都在修习坐禅，你所拥有的一切也都在修习坐禅。佛陀修习坐禅，佛法修习坐禅，万事万物都和你一起修习坐禅。而你与万物共同参与、分享着修行。坐禅于是如此发生，我们真实的生命以此方式发生，我们真切的菩萨道亦以此方式发生。

这是你们如何能帮助众生之道。帮助他人的意思，是把你的修行回向给众人。我们与孩童、与街道上的人们分享我们的修行。即使他们并不修习坐禅，我们可以分享这修行，因为当我看见人们，他们已经在那里，而我便和他们一同修习坐禅，与汽车的声音，与一切一起修习坐禅。

如果有人问我为什么要修行，我也许要回答，是为了有一颗向善的心，重点是不失去这颗向善的心。在日本，孩童有一种菩提达摩玩偶，你知道那种玩具吗？它是纸做的，你推倒它，它会立刻站起来。那正是向善的修持。人们享受推倒这玩偶的乐趣，因为不管它怎么东倒西歪，总是会迅速再直起身来。这是我们修行的一个好例子。

我们不能找到自我在哪里。若你说“这里是我的心”，那已经是一个自我的概念。它在此处，而不在彼处。你以为你的心在头脑里，但是它又在何处呢？没有人知道。所以修行是与所有一切同在。不被修行所束缚，你能与一切事物分享你的修行。那便是如何在你自己身上建立你自己。你已全然有所准备去包含一切事物。当你涵容一切事物，那是真的自我。

初心

真挚的修行

“重要的不是教法，而是学生的质地或努力。即便是寻求开悟，那也表示你的心还不够广大；你还没有足够的真挚，因为你在修学中仍有某些目的存在。”

虽然道元禅师被视为日本曹洞禅的创始人，但他并不喜欢认定自己为“禅”，遑论“曹洞”。若有必要，他说我们应称自己为佛弟子，而且他向来称呼自己为“山僧道元”。

道元禅师在中国受教于天童如净禅师时，当时有许多不同的禅门宗派，如曹洞、云门、法眼，以及沩仰宗。但根据道元禅师所说，如净禅师并不属于任何特定的门派，他的禅法只是修习坐禅，并以他自己的身与心去领会佛陀的本怀。这也是为什么道元禅师接受他作为老师之故。

在日本，道元禅师曾研究天台佛教，后来又到荣西（日音 Eisai）禅师的寺院研习临济禅。但是荣西禅师不久便圆寂了，道元禅师为了要跟随适当的老师继续修习，前往中国向命禅法师参学，命禅（日音 Myozen）也是荣西禅师的徒弟之一。道元禅师参访了许多寺院，见过多位大师，却无法受教于任何人，直到遇见了天童如净禅师。

虽然道元禅师从未在天童如净禅师座下修学，但他第一次见到禅师时，马上接受他成为自己的老师。同样地，如净禅师也这样想："这是我的徒弟，他将传承我的修行法脉。"一天傍晚，在坐禅期间，如净禅师正在斥责某学子打瞌睡时，道元禅师的悟境突然呈现。他将悟境呈给如净禅师，受到其认可传法。之后，道元禅师返回日本。

在这里，我们首先注意到的是，道元禅师是名僧侣，他想要成为佛陀真挚的徒弟，只是如此。他早已经放弃了作为佛教学者的尝试，所以他的问题是如何从心灵与心智底处做一个好弟子。拥有这种精神，是最重要的一点。既然他是这样诚挚的一名求法者，他无法接受不像他一样诚挚的老师，也不能接受只是把佛法讲得头头是道的老师。他希望能够遇到一个僧人，真正地以禅的真义来习禅。因此，当他遇见如净禅师，接受他为师父，而如净禅师见到他，也同时认出了他的真挚求法之心。

什么是真挚的修行呢？如果你不是那么真挚，很难了解它的含义；但是如果你非常真挚的话，你不能够接受肤浅的事物。只有当你变得非常真挚时，才会知道那是什么。就像欣赏好的艺术，假如你能欣赏好的艺术，最要紧的是鉴赏好的作品。在你欣赏过许多好作品之后，当你见到某些艺术品不是那么优良的时候，你马上可以辨别出来。你的眼光变得足够锐利，可以分辨出优劣。

那就是为什么道元禅师强调师父的重要。如果你要知道什么是真挚，你应该有一个好的老师，因为通过面见其人，你将知道好的师父是什么意思；当你遇见一个诚挚真实的人，便能体会所谓诚挚真实的意义为何。这不是我可以描述的事情，你会以直觉感受到。见到一位好师父时，你就会有这种直觉。

发展你精练的眼力，或清楚、无偏颇的判断，重要的是放弃，或准备好可以放弃每一件事，包括你对教法的理解和你对佛教的种种知识，然后你能够鉴别什么是好的、什么是坏的。为数甚多的禅师放弃研究经典，仅只修习坐禅。他们不依靠任何事，只修习打坐，以清净己心。任何的教示，对你而言，都可能是极好的教示，但是因为你错误的判断，那教导变得不具意义。你用自己的判断损害了好的法教，然而，当你不去评判时，你就能接受法教如其本然。

道元禅师从如净禅师处习得的教导就是这种伟大的精神，随时准备放弃所有事物。特别在如净禅师修习坐禅之时，他的心中无有一物。那种修行的纯净，深深打动了道元禅师。当你努力尝试要放弃每一件事，你其实尚未放弃每一件事。当你厌倦了愚昧的讨论或无益的研究，或是这愚蠢的心试着要攫取某物来依赖时，你就会寻找所谓的真理或真实的教示。你将完全投入纯净的修行之中，放弃一切。

我的师父岸泽惟安禅师，是一位了不起的学者，他的研究开始于他放弃了一切事物以后。他不在乎职位、名气或声誉，不管人们怎么看待他，他都不以为然。他持续地进行参究和修行，只是为了与那些将自己奉献于教法的古来禅师大德会面。当你放下一切，那里既无曹洞禅，亦无临济禅。对我的师父来说，那是真实的情况。

每当他见到一个学生或佛教学者时，他会询问他们所有的、书写下来的教导。不管怎样，他总是很有兴趣地研读它们。他一直在寻觅他的精神友人、他的老师。这个人是否赫赫有名，对他并无所谓。只有当你放弃一切时，才能看到真正的老师。

即使是佛教这个名字，也已经是我们修行上的污点。重要的不是教法，而是学生的质地或努力。即便是寻求开悟，那也表示你的心还不够广大；你还没有足够的真挚，因为你在修学中仍有某些目的存在。想要完成什么的欲望，或甚至是传播佛教的意欲，都不够纯净；只有见到某人是神圣、伟大和纯净的，才是我们研习禅或佛教的目的。

在这点上，你的师父应该非常严格。当你懈怠懒惰，他会很生气。如果你总是做一些不够纯粹的事，你是在浪费时间。尽可能地跟随你内在的声音，拒绝无益之事。道元禅师说，如果你的修行足够纯净，你将被佛陀所支持着，所以不用担心谁要护持你或什么事将会发生。一刻随着一刻地，虔敬地奉献自己，倾听你内在的声音，然后你会遇见某个真实伟大的人。你会遇见一个能接受你，而你也能接受他的人。对禅门子弟而言，这是最最重要的一点。若是你不能以这种方式来接受你的师父，你应寻找另一位师父。缺乏这种精神，几乎不可能来修学禅坐之道。

实现求道之心的方法，便是修习坐禅。如何修习坐禅？须有正确的姿势。立发禅师提到以一种有趣味的方法来修行正确的打坐姿势，就是说“是的”，那真是个好主意！问自己，我的手印如何？“是的。”我的眼神？“是的。”简而言之，坐禅正是“是的”。我的脊椎——“是的。”我的下巴——“是的。”你并不是实际地检验你的坐姿，你只是接受你的坐姿——“是的。”

这即是坐禅。在修行里，没有多余的活动；这是你要有的精神。我们的修行没有其他的秘密。如果你还有其他的秘诀，那是异论。若你有某些特异的修行方法，你是不会达到这一点的。

就戒律而言也是一样，如“不杀生”。你也许以为若不去杀戮任何生物的话，你无法存活；但这到底可不可能做到，不是问题。如果戒律说“不杀生”，而后你接着这样说：“是的，我将不杀生。”在那当刻，你有完美的佛性。然而，假如你评论说这是不可能的，是对的或错误的，或你开始将佛教的戒律与基督教的诫命相比较，你便失去了要点。不管是针对诫命或戒律，当你说“好的”时，我们即具有佛心，或完全的恩慈。所以，如果你注意到此点，就没有其他的奥秘了。当你直接倾听内在的声音，甚至不特别费力地去倾听它，不论何时，当你有机会聆听到它的时候，那就是“道”，那就是佛陀的声音。

初心

不管你在哪里，与万物为一

“……不管你在哪里，你与云朵为一，与太阳为一，与你所见的星辰为一。即使跳下飞机，你不会到其他地方，你仍然与万物为一。那比我所能说的，比你所能听的，都还要真实得多。”

我们大多数人从差异性来了解事情，如大或小，黑或白，物质的或精神的。当我们说“精神的”，意指它是非物质的，但是根据佛教，即使是精神的，仍然属于现象界的现实这一面。另外一面，我们称之为存在实体论的（ontological）或本体，无法以肉眼见到。在成为“精神的”或“物质的”之前，另外那一个面向早已经存在。这不是你以自己的小心量能够了解的：大或小，黑或白，男或女，只以这种方式来理解，是在我们真实的存在上设限。

只要你仍以现象界的条件去了解实相或了解你自己，那就没有可能发现实相。当你明白除了精神的或物质的、正确的或错误的之外，还有其他，那便是实相，那其实也正是我们每一个人。要领会这点，必先舍离——远离对或错、生或死、精神的或物质的诸多概念。

虽然你这么努力要成为精神性的，你仍然只存在于一边，而忽略另一面，那是为何你受苦的缘故。如果真的想要证得开悟，实现你真正的存在，必须超越好或坏、生或死。如何达到目的？通过坐禅可以达到。若有某事发生，让它发生，不要以好坏的概念来想它。让它来则来，去则去，那是实际的坐禅——超越不同的观念想法，仅做你自己。

你与其他人并不只是精神的或物质的。即便某个人看起来在做一些错事，但谁能肯定地下论断呢？人们也许这样说，你也许那样说，但是那个人，既非好，亦非坏。社会有其标准。我们暂时性地设定了道德的规章，于是说这是好的，那是坏的，但那是有可能改变的。如果评判的道德规章或标准改变了，今天所谓的“坏人”，也许明天变成一个“好人”，或在一两年之内有所平反。好与坏取决于许多条件，但事物本身既非好，亦非坏。

事情如何发展，是根据因果的规律。现今存在的事物会导致某些结果，而那结果又会导致另外的结果。某些既非好、亦非坏的事，以此方式进行着，这即是实相。不了解此点，你倾向于以好或坏来理解事物，你想此处有一个好人，一个坏人。但是我不这样来理解事物，事情只是不断发生着。如果我们明白这一点，那是舍离。

当你坐禅时，你是你，你不能说："我是一个好人，我的修行是完美无缺的。"当然你是完美的——从最初本然开始，你就是完美的，但没有必要说自己是完美的。你是完美的，即使你不明白你是完美的。那便是为什么我们说，我们都是佛，而且我们的佛性在持续不断地开展。

我们说，我在这里，你在那里。这么说是可以的，然而实际上，没有我，你就不存在；没有你，我也不存在。这是非常真切的。因为我在此处，你就在彼处；而你在彼处，我就在此处。你或许会说，即使我不来塔撒加拉，你还是在这里，等着我到来。也许没错，但那不是完美的理解。我曾经在佩奇街三百号（Page Street，禅中心总部，在旧金山市区——译按）住过，那里与一切事物息息相关；而你，也与一切事物息息相关。我不能就对那幢建筑物说再见，因为它与高速公路、树木、空气、星辰、月亮和太阳，都息息相关。如果我与日月相互关联，如同你与日月相互关联，那么，当我们总是时时相互关联的状况下，怎么可能说我在这里而你在那里？

只是你的心在说你在此处，我在彼处，仅此而已。本来，我们与一切事物为一。如果某人过世了，你会说他不再存在了，但是否有可能让某件事物完完全全地消失呢？那是办不到的。同时，让某件事物突然地自无中生有，也是办不到的。在这里存在的某事，不可能完全消失，它改变了形态，仅此而已。所以，我们一直都是同体。

表面上，你也许说你觉得很寂寞，然而，如果你极为诚挚，并且真的舍弃了狭小心量的话，就不会有恐惧与情绪的问题。你的心始终平静，你的眼总是敞开，你可以听到小鸟鸣唱的乐音，看见花朵的绽放，没有一件事可以让你牵挂。当你忧虑的时候，你会视它为一本有趣的小说，阅读它很有趣，但不是件值得恐惧或担忧的事。若我们以此方式来理解万物，便能够全然地享受生命。

几天前，我从美国东岸飞回西岸，看见了美丽壮观的落日。如果你朝西方飞行，落日的景象延续很长一段时间。在地面上，人们以为天黑了，阳光隐没了，但是若你在高空飞翔，你仍然可看见落日，而且还看到绚烂的云层。景象真是庄严，但在同时，某个人也许因此而感到非常寂寞。然而，不管你在哪里，你与云朵为一，与太阳为一，与你所见的星辰为一。即使跳下飞机，你不会到其他地方，你仍然与万物为一。那比我所能说的，比你所能听的，都还要真实得多。

我不是在谈论一些奇怪或神秘的事。如果你以为如此，表示你还不够真实，你的感觉还不够深刻到去感受什么是真的。以足够的真挚来做自己，是我们努力的方向。再者，道元禅师说，若你真要离于生死，不要努力尝试离开生死。生死，是我们这一生的配备；若无生死，我们不能生存。有生有死，是我们的荣幸，那是我们得以了知真理的方法。

简短地说，我们不必去烘焙许多自制的饼干，你所谓大小、好坏之种种观念的饼干，只要烘焙足够吃的饼干就好了。没有食物，你不能生存，所以制造饼干是好的，但不必做太多。有一些问题是好的。没有问题，我们不能存活，但是不需要太多。你不需为自己创造更多的问题，你已经拥有足够的问题了。

如果你真能理解你的生命，甚至没有必要去修习坐禅，我也没有必要来到美国。假如你能为自己制造足够的饼干，让我回日本，吃日本的饼干，倒是好的。既然你造出这么多的饼干，我得吃一些，我必须帮助你。如果我们理解这一点，享受足够的自制饼干，那是佛教徒之道，是我们如何享受生活的方式，也正是我们修禅的原因。我们不是修习坐禅来证得特殊的开悟，我们只是为了做自己，只是为了离于我们无益的努力或习性，所以我们修习坐禅。

第五部

不论你在何方，开悟即在当下

“即使在我们不完美的修行中，开悟就在那里。我们只是不知道罢了。所以，重点是，在证得开悟之前，发现修行的真正意义。不论你在何方，开悟即在当下。如果你在所在之处，当下站立起来，那便是觉悟。”

“修习坐禅，而后，你将证悟。若你证悟了，将会远离一切执着，然后会见到事物本来的面目。”

随处即开悟

“我们所见到的、所听闻的一切，没有一件事是完美的。但是，就在这不完美里头，即是完美的实相。”

在我们的修行里，最重要的是了解我们都具有佛性。智性上，我们也许明白这一点，但却相当难以接受。我们每天的生活是在好与坏的二元对立世界，而佛性则是在没有好坏区分的绝对境界中被发现的。我们的修行在超越好与坏的境界，去实现那绝对的实相，这点或许很难完全理解。

桥本禅师（Hashimoto Roshi）是1965年过世的一位著名禅师，曾说我们（日本人）的烹饪方式是分开准备每一种作料，所以，白米饭在这里，腌渍酱菜在那里。但是，当我们把饭菜吃下去时，我们就不知道什么是什么了。汤汁、米饭、酱菜，每种东西都混在一起，这便是绝对的世界。米饭、酱菜、汤汁只要分隔开来，就无法被消化，我们也得不到滋养。就好比智性理解或书本上的知识——与真实的生活保持分离的状态。

禅修混合着我们不同的理解方式，并且一起运作。一盏煤油灯若仅是装满煤油，并不会有作用，它还需要空气产生燃烧；即便有了空气，还要有火柴来点燃。以火柴、空气和煤油之助，这盏灯才会发光，这就是我们的禅修。

同样地，虽然你说“我有佛性”，这句话本身不会有功效。如果你不与同修者或僧团一起修行，你的佛性不能开展。当你有在家、出家同修的支援以及佛陀的帮助，我们将能够修习禅的真义。我们在塔撒加拉禅堂这里，在自己的日常生活中，都会拥有明亮的光辉。

有所谓的开悟经验固然非常重要，但更为重要的是，知晓如何调整我们的禅修与日常生活里的火焰。当火焰完全燃烧的时候，你闻不到油烟味；当烟雾弥漫，你就会闻到味道。你也许明白那是一盏煤油灯。当你的生命尽情地燃烧时，你没有抱怨，也没有必要留意你的修行。然而，如果我们谈论太多有关坐禅之事，那已经是一盏冒烟的煤油灯。

也许我是一盏冒很多黑烟的煤油灯。我并不一定想给你们开示，我只想和你们一起生活起居：搬移石头，洗温泉浴，吃一些好吃的食物，禅就在那里。当我开口演讲，便已是一盏冒烟的煤油灯。只要我必须开示，我得解释："这是正确的修行，这是错误的，怎样来修习坐禅之法……"这就像是给你一道食谱，它不会有作用，你不能以食谱为食物。

通常禅师会说："修习坐禅，而后，你将证悟。若你证悟了，将会远离一切执着，然后会见到事物本来的面目。"当然，这是正确的，但是我们修行之道，却不总是如此。我们在修习如何来来回回地调整我们的灯焰。道元禅师在他的《正法眼藏》里对于这一点有很明确的说明。他的教示是要我们燃烧殆尽地活在每一刻，如同一盏油灯，或一根蜡烛。活在每一刻，与万物为一，是道元禅师教授和修行的要点。

修禅是极为精妙的一件事。当你修习坐禅时，平常工作时所注意不到的事情，会变得更敏锐。今天，我搬了一会儿石头，没有感受到肌肉疲累。然而在我平静下来打坐的时候，我便明白："喔！我的肌肉真是酸痛。"我感觉到身体不同部位的不适。你也许以为若没有任何问题，可以禅坐得更好，但事实上有点问题是必需的。那不见得需要是个大问题。经由你具有的困难，你可以修习坐禅。这是一个很有意义的重点，也是为什么道元禅师说："修行与证悟是为一体。"修行是你所做的、有意识自觉的事，是你以努力来从事的事——那便是了！就在那里，即是开悟。

不少禅师会错此意，他们仍然奋力追求完美的禅修。存在的事物是不尽完美的，但却是每一件事物在这个世界存在的方式。我们所见到的、所听闻的一切，没有一件事是完美的。但是，就在这不完美里头，即是完美的实相。就智性和修行而言，这都是真实的，在纸上或在我们的身体，皆真切不虚。

你认为只有在证得开悟之后，才能建立真正的修行，但其实不然。真正的修行建立在迷惑和挫折上。如果你犯了错误，那错误之处，正是你建立修行之所在。没有其他地方来让你奠定修行。

我们总是提到开悟，但是就其真义来说，完美的开悟远远超过我们的理解，超过我们的种种经验。即使在我们不完美的修行中，开悟就在那里，只是我们不知道罢了。重点是，在证得开悟之前发现修行的真正意义。不管你在何方，开悟即在当下。如果你在所在之处，当下站立起来，那便是觉悟。

这被称为“我不知道坐禅”。我们不再知道坐禅究竟是什么，我不知道我是谁。当你不知道你是谁，或你在何处，去寻求全然的沉静，就是去接受事物之本然。即使你不知道你是谁，你接受了自己，那是“你”的真实意义。当你知道你是谁时，那个“你”，不会是真的你，你或许容易高估自己；然而，当你说：“喔，我不知道。”此时，你便是你，你完全知道你自己，那是开悟。

我想我们的教法是非常非常好的，但是，假如我们变得傲慢自大，太过相信自己，我们将会迷失，甚至将不会有教法，不会有佛教的存在。当我们在自己的平静之中发现生命的喜悦，我们不知道那是什么，我们不理解任何事物，那么我们的心是非常巨大、宽广的。我们的心对一切敞开，所以它足够广大。在我们“知道”以前，去了知所有一切，即使在我们拥有某事之前，就已经心怀感激，即使在证悟之前，我们已经是快快乐乐地修行坐禅之道的人。不如此的话，我们不能真正地成就任何事。

初心

不执着于开悟

“真的开悟，总是与你同在，所以没有必要执着于它，甚至想到它。因为觉悟总是与你同在，困难的本身，也就是悟境；你的繁忙生活，也正是觉悟的活动，那才是真实的开悟。”

禅宗六祖慧能说过：“安住于空性，保持一颗宁静的心，并非坐禅。”他也曾说：“只是盘起腿打坐，那不是禅。”同时，我一直告诉你们：“只管打坐。”如果不明白我们的修行之道，而只是执着于文字，会觉得很困惑。但是若你知道真的“禅”是什么，就会了解六祖的话正是对我们的一种警告。[1]

1　六祖慧能多处提及此旨，参《六祖坛经·般若品》第二：“师升座，告大众……善知识，莫闻吾说空，便即着空，第一莫着空。若空心静坐，即着无记空。”《顿渐品》第八：“住心观静，是病非禅。长坐拘身，于理何益？”

现在我们的禅七已接近尾声，很快地，你将回到你的家，从事每天的日常活动。如果你这几天来修习了真实的禅，将很高兴地回到你的寻常生活，你或许觉得颇受鼓励，但是，如果你对回到城市生活或每天的例行活动觉得有所迟疑犹豫，表示你仍然执着于坐禅。这也就是为什么六祖慧能说道："安住于空性，执着于你的修行，并非真的坐禅。"

当你修习坐禅时，一刻接着一刻地，接受所有的一切，在眼下这一刻中，对自己所做的一切心满意足。因为你只是接受它，没有任何抱怨，那即是坐禅。即使你还达不到这点，你知道该怎么做。而后，坐禅也将鼓励你从事其他的事务，正如同打坐时，接受你酸痛不堪的双腿——你接受每天的生活，而那是比禅修更为艰难的。

特别是在这七天的接心期间，如果你品尝到真实修行的况味，然后回到繁忙生活中而不失落这修行滋味，那将是一个极大的鼓励。虽然很困难，虽然你非常忙碌，在你心中，总会存有那种宁静的体验。不是因为你执着于它，而是因为你享受它。当你能享受它，就无须执着。所以如果你品尝到我们修行的真滋味，你可以随时享受它，不论你正在做什么事。

你或许认为你已经开悟了，但是如果你极为奔忙，或身处于某些困境之中，想要再重拾那种体验，那便不是真的开悟，因为那是某件你有所执着的事。真的开悟，总是与你同在，所以没有必要执着，甚至去想起它。因为觉悟总是与你同在，困难的本身，也就是悟境；你的繁忙生活，也正是觉悟的活动，那才是真实的开悟。

今日的年轻人热衷于约会，但是开悟不是一件可以在约会里遇见的事物。假如你的生活有规律，在一定的时间起床，拿起你的午餐袋，然后出门工作。若你有一个女朋友或男朋友，你将与他们相见，因此没有必要去安排一个约会。在某个特定的时刻，她会出现在你们通常碰面的地方。那是我们的修行之道。打电话约时间会面是相当愚蠢和麻烦的。即使你用电话定下一个约会——“嘿，我正出门”——如果她不出现，你将很失望。若你并无预约，但她来到老地方和你碰面，你会真的很高兴。

那是证得开悟之道。这不是一件好笑的事情，我在谈的，是真实的事。不安排约会，是说不期待、不执着于开悟。当你受到开悟的激励，那么见到对方，即使只是短暂的一瞥，就足够了，你一整天都会非常喜悦。如果你要求太多，就已经说明了你在执着于开悟。

那是六祖慧能所说的：“只是安住于空性，并非真的坐禅。”他原是听到《金刚经》的名句而证悟：“应无所住而生其心。”所以，如果你执着于某事，你将失去你的觉悟。虽然你很努力要安排一个约会，但却没有用。以那种方式所得到的开悟，是件让你执着的事物，不是那一直与你同在、总是鼓励着你的事物。

这一点非常重要。在我们打完禅七之后，应继续在每天的生活中修行，从而得到真正的开悟。这是一次收获丰硕的禅七，你们之中有些人品尝了坐禅之道的一点好滋味。即使你没有这种经验，我想，你已知道如何修习坐禅。所以，从现在开始，持续听从你老师的正确教导，真挚地修行下去，有朝一日，你会尝到“悟”的味道。

专属于你的教法

“……虽然你说你的修行还不够好，但此时，你没有其他的修行。不管好或坏，那都是你的修行。”

当我们修行的时候，经常是有所期待的。如果我们勤勉奋力，修行将有所进展；在修行中有一个目标，最后我们会达成它。我们以为修行功夫将日复一日地增强，并可以促进我们的身体健康与精神状况。这是真切的，但这不是一个完整的理解。

我们另有一种对禅修的理解：一两年之内，不见得可以达到目标，修行无他，此时此地即是。这即是修行的目标。当你以这样的方式来修习时，你同时关照许多事，而且也能够保持专注集中，完全地从事于你目前的修行。那就是为什么我们有许多不同的教导，所以你可以努力地修，在修行的当下，感觉到其目标所在。

你或许会说：“我的修行不够好，现在仍不能感受到目标或完整的意义。”虽然你说修行还不够好，但此时，你没有其他的修行。不管好或坏，那都是你的修行。要接近完美的修行，除了接受你自己之外，没有其他的方法。只是责备你的修行真差劲，不会有什么帮助；赞美你的修行真是好极了，也没有用处。你的修行是你的修行，你用几种方式来描述它，无非是好或坏，仅此而已。首先，我们应该明白此点，所以我们说：“虽然你的修行不怎么样，但那本身即是完美的修行。只管打坐吧！”

听到这里，你也许会客观地去理解，把它当作一个借口：“无论如何，我们正在禅堂里打坐，因此，这就是完美的修行。没有必要鼓励自己枯坐一整天。只要我们多少禅坐一下就好了，即使坐一炷香也就够了。”那样的理解是非常肤浅的，从你自身上毫无领会。

真理总是在此处。然而，只是这么说，而不去真正地修行，我们称之为“画出来的饼”。那只是一张绘有糕饼的图画，你不能吃。虽然你在打坐，但你是在吃一个画出来的饼，所以没有味道，你最终将会放弃，因为这不具任何意义：“没有产生什么结果，还不如到闹市吃点什么，比吃禅中心的食物好得多！”

当其他人称你是禅门子弟的时候，你或许相当高兴，那么你的修行是在鼓舞你的自我，不是在修禅。当你那样打坐，“禅”毫无意义。真正的坐禅，不能像那样子。如果禅是这样，会在很早以前就从世上消失了。“禅”仍然存在的原因，是因为真理的另外一个面向。许多位佛教的祖师、伟大的圣哲曾说：“佛陀遗留这一教法，只是为了我，不是为任何人。佛陀仅为日莲留下《妙法莲华经》。”如果忘记了这个面向，佛法不过是废纸罢了。“只是为我”，不是自大傲慢，却意味着你把教法当作是自己的，对它有全然的欣赏。

那正是当我们修禅时所应具备的精神。每一个人都可以是日莲，每一个人都可以是道元禅师或菩提达摩。因为我修习坐禅，所以有佛陀，有道元禅师和菩提达摩，有佛法。你了解到你是世界唯一的存在，没有人可以取代你的位置。那是真的——所有的教法，只是为你而生。当你还年轻，你不会有这种感觉，你想将活上五十岁，甚或一百岁，所以就这个“今天”而言，对你没什么价值。假如你活到我的年纪，会真的感觉到：“我只是一个存在。没有任何人能代替我，所以，我万万不能愚弄自己。”

这点对所有人都是非常重要的，特别是对修习坐禅之道的人。缺乏这一信心或理解，你将显露出修行的弱点："喔，不，我不够好。看看我——我不能修习坐禅。禅是这么美、这么无瑕，但对我来说就是毫无修习的可能。"你会感觉到你性格、行为里的短处。而且有这样先入为主的成见时，你不能好好打坐。但是，不管你怎么评论自己，你是唯一存在的人；你无法逃遁，因为这整个世界是属于你的。这超越了我们所可以讨论的真理。这是绝对的真理。

你怎么能否认你是唯一的那个人呢？你可以挑剔自己，这很容易；但是当你承认、接受你正是唯一的那个人时，你没有时间去批评什么是"好的修行"或"坏的修行"。因为你对真理充耳不闻，你才有时间挑剔自己。当你理解此点，便能够听见或看见实相，而你也能够修习坐禅。你可以接受真相，不管它是什么。修行，是对所见的一切事物敞开，视一切事物为实相的具体化。这是我们为什么修禅的原因，为什么每个人都可以加入修习，以及为什么这修行包含你生活中的每一个活动。

这不是可与其他修行互为比较、作为达成某一目标的法门。从众人的经验，我们所采取的打坐形式、我们呼吸的方法，这样代代累积下来的教导，就像知识的积聚。然而，佛教的智慧着重于真理主观性的那一面，那是所以我们说每个人皆是佛陀，所以我们传授佛法给每一个人。这并非仅仅是纸上的传承，这主观性的一面一直与我们同在。此点向来都被强调，并且也从未失去真理客观性的那一面。

有时候，人们称自己为“精神性的”，忽略真理客观性的那一面向，这也是一个错误。但是执取真理客观性的那一面，并以一种闲散的心态来依赖它，是没有任何帮助的。只要我们仍然依赖客观的、科学性的真理实相，就无所助益。只有当我们每个人真正感觉到真理实相，赏识它，接受它，随时准备好遵循它，才会有作用。当一个人将自己置身于实相之外去研究实相，事情一旦发生在他身上的时候，他会不知道该怎么做。

在一则中国古代的传说中，有一个人非常喜爱龙，总是谈论着龙，画了许多的龙，也买了各种龙形器物。后来，有条龙想：“如果像我这般真实的一条龙亲自去拜访他，他一定会极为高兴。”有一天，这条真龙突然地出现在他的房间，他却完完全全不知如何是好。哇！他无法跑开，甚至站不直身子！长久以来，我们就像是这位赞美、喜爱龙的人，但是我们不能仅是龙的朋友或仰慕者，我们应该成为龙的本身，然后，我们将不再惧怕任何的龙。

所以，我们准备以主观及客观方式，研习坐禅之道。

当你这样修行，坐禅会变成你自己的坐禅，正如你是佛陀一样，你会用许多不同的方法来表现你的真性。那是从修行的形式里解脱。不论你做什么，你将是真实的自己，你将是真实的佛陀。在怀有这种理解的修行，以及对形式、指导和教法表面理解的怠惰修行之间，两者有很大的差别，毕竟如佛陀所说，没有人可以让你依靠，所以你应该成为一切事物的老板。然后你将领会佛陀的教诲和我们的修行如同自己的东西。

站在大地上

“大地不一定都是一样的，有时是一根棍子，或者是一个石头，甚至可能是一片水。基础……的意思是指一切事物，并不是只意味‘大地’而已。这是说，修行坐禅之道，而不去重复同样的经验。”

当我们谈到实相，是去理解如何在坐禅和每天的生活中修习坐禅之道。道元禅师谈到实相的本质时，所使用的中文或日语是“恁么”（日音 immo），意思是“如是”或“只此是”，也可以是一个问号：“这是什么？”

“恁么”也可以是“它”。在英语中我们说：“它很炎热。”这个“它”是同一个字，意义相同于当你说：“（它）现在是九点钟。”你用“它”来指称时间或气候，但不只是时间或气候，每件事物事实上都是“它”。你知道的，“我们”也是“它”，但是我们不说“它”，我们说“他”或“她”,“我（宾格 me）”或“我（主格 I）”来取代“它”，然而实际上我们意指“它”。所以，如果每件事皆为“它”的话，它也同时是一个问号。当我说“它”，你不会知道我到底在说什么，于是你也许要问：“‘它’是什么？”

当我们谈论时间，“它”或许是用餐时间或讲座时间，我们不确定，因此“它”对每个人或许是个问号。你或许会问：“（它）现在是几点？”或“（它）现在是讲座的时间吗？”以此之故,“它”或“恁么”，是某件明确的事，同时，也是个问号。这点是我们必须知道的。此刻“它”是热的，但“它”不见得一直很热，有时，“它”会是冷的。

当我们谈论时间，我们可以知道时间是持续不断的，同时也可以相当明确。当我们说“它”是八点半，我们指出了某一个时间点，所以时间便中断了。然而时间的本质是持续不断的，所以那个字有两层意思——持续和中断。那便是实相的本质。

道元禅师谈修行，不是作为一件特别的事，而是一件持续不断的事，一件与一切事物混合的事情。他说：“如果你跌落在地上，就以大地为基，站起身来。”你懂这个意思吗？假如你跌落于地，你从那地点再度站起。他也说："倘若你跌落在地上，以空无为基，站起身来。"若不去讨论为什么是如此，便不能够对我们的教法有完整的理解。

现实上，我们以大地为基，如此站立，但是道元禅师说我们不应如是。这是什么意思呢？如果你一直以为可以从大地上站起来，你不在乎跌倒，那么你将相当轻易地跌倒。你会有这种想法："没有关系，如果我跌倒，我可以从地上站起来。"若我们用这类的偏颇见解，或以轻而易举的念头去修行，那是错误的修行。

这点是很重要的。这犹如开悟。如果你依赖、仰仗开悟，你将像某个容易犯错、跌倒在地的人，要依靠大地的帮忙。你明白吗？这是很细腻、精微的要点。当然，我们必须从地上站起来，但是如果我们总是执着于大地的助力这一想法，将失去跌落地面的真实意义。换句话说，虽然我们犯错，我们不应该犯许多同样的错误而认为没有问题，只因为我们知道如何站起身来。

当我们谈到实相时，并不是这个意思。事情不会再次以相同的方式发生。大地不一定都是一样的，有时是一根棍子，或者是一颗石头，它甚至可能是一片水。基础是"它"，你知道，"它"的意思是指一切事物，并不是只意味"大地"而已。这是说，修行坐禅之道，而不去重复同样的经验。

所以在我们的修行里，没有可依赖的事。但是就另一面来说，总有一些事物来供给你，一直是如此。根据情况，你会有一些帮助你修行坐禅之道。即使是双腿酸痛，也是种帮助。以你所有的疼痛，你修行坐禅之道。这痛处，正是“它”。“它”是每一件事，同时，“它”可以是某些确切的经验或特别的麻烦。“它”可能是昏沉，“它”也许是饥饿感，“它”或者是炎热的天气。因此，炎热的气候或凉爽的好天、饥饿、蚊子，或腿上的酸痛，都可以是修行的支援，在这些觉受上，你能站起身来建立你的修行。所以不只是佛陀的教诲，每件事都能够作为我们的助力。

“恁么事”(日音 immo-ji)指的是“事情”，而“恁么人”(immo-nin)指的是“某一个修习坐禅的人”。“某人在修习某事”——那是实相。或者我们可以说：“某人正在做某事。”那么，“恁么”便中断了，有特定的存在，有其形式或颜色。但是，如道元禅师所说，禅的修行是件持续不断的事，是与所有事物相混合的事。

若是如此，“某人修习坐禅”已包含了一切事物。一个人不能与这个世界分离。某一行动，若无整个世界作为背景，则不能存在；某一事件，亦不能与其他的事件分隔。所以“某人”、“做”和“某事”，是同样的事，你知道的。假如他们是同一件事，我们便能够说“某事”。那是什么呢？那是完全的开悟，每一件事都以此方式发生。因此，如果你执着于助力或开悟的想法，那已经是一个错误，你已经将自己与一切事物分开了。

有人或许会说：“喔，他研习曹洞禅，但是他否认开悟的经验。”这是不正确的说法。我们曹洞子弟不执着于任何事。我们拥有全部修行的自由、表达的自由。我们的修行是真正本性或实相的真切表现。所以对我们来说，不可能执着于任何事上。一刻接着一刻地，我们以新鲜的方式来修行。

我们的修行应该独立于过去的修行与未来的修行，不能为了某些未来的成就，牺牲现在的修行。因为所有的佛陀以这样的方法证得开悟，未来的诸佛也将以这样的方式证得开悟。“以这样的方式”是说，不依任何特定的方式——有时或许是曹洞之道，有时或许是临济之道。根据情况，也有可能是其他宗派的方式。

某人也许在看到一朵花或听到一个声响时证得开悟，另有某人或许在泡热水浴或上厕所的时候证得开悟。富人和穷人皆以不同的途径得到证悟。所以实际上，既无曹洞之道，亦无临济之道。

我们以十分抽象的方式讨论修行，然而，不管是什么，我们都应安然接受。一刻一刻地，以各种不同的方式修习坐禅之道。没有其他的方式可证得开悟。

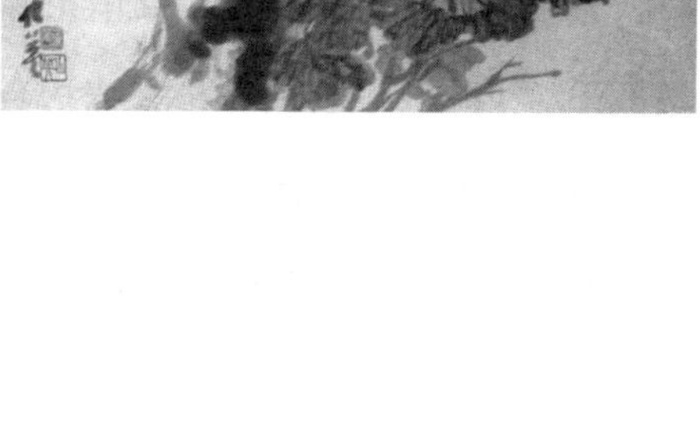

足够的问题

“在你能够接受问题、处境之前，你无法如实接受自己……当你有足够的耐心，而且能等待，直到那问题对你呈现出意义时，你便能够欣赏你在此处的存在和位置，不论如何。”

这是我们第七天，也是最后一天的禅七。我们已经到达这里，所以，千万不能放弃。唯一之道，便是停留在此，坚持下去。我觉得我有非常好的收成，你们也许觉得自己还不成熟，但是即使如此你仍迈向成熟的状态中。如果继续留在我们的仓库里，将会成为滋味极佳的苹果。所以我无须担心，而且我认为你对修行也没有什么好操心的。

你们当中有些人来打禅七的原因，或许是因为你有许多问题。你想着，如果禅坐七天，将会解决问题；但是，不管你有什么样的问题，总是能够被化解的。佛陀不至于给你超过你能力所及或多过你所能承受的问题。不论问题是什么，会刚刚好足够，恰如其分。如果问题太少，佛陀会预备好给你多一点问题，所以你能去欣赏你的麻烦。佛陀总是给予你某些东西；假如你没有任何需要应付的事，你的生命将感觉空虚，因此我认为你应该信任佛陀。一个没有问题、麻烦的生命，就像坐在这禅堂里七天，却不去做任何事情。

在禅堂打坐七天，你生出许多的问题。你或许以为比起每天的日常生活，打坐时有更多的问题。事实上，你发现的是向来就有的问题，但以前你未曾注意到，因为你被某些事所愚弄。当你没有觉察出问题时，它们将会突然地出现。所有发生的问题都是你本来就具有的，但是因为你忽略了它，你毫不期待它乍然呈现。所以，最好尽快看清问题。

曹洞子弟坐禅时，面对墙壁。佛陀在你的背面，而且你信任他。如果你完完全全地信任他，就没有必要面向佛陀，这是一种全然信任的态度。你的敌人或麻烦会从背后，而不会从前方冒出来。所以向佛陀展露你的背部，表示对佛全然的信任。

即使你觉得有太多的问题，当你信任佛陀，你可以和自己的问题一起打坐。同时，你应该准备好去拒绝一个问题，如果它实在超过你的负荷。佛陀也许会说："如果你真的不需要这个问题，我会随时接受它，把它还给我吧！"但是，逐渐地，这个问题将变成你需要的东西。你会想说："若我拒绝这个问题，我可要后悔的。既然我不知道这到底是一真实的问题，还是佛陀对我的帮助，也许还是保留它才对。"如果你以这样的方式打坐，将发现问题对你来说是甚有价值、不可或缺的珍宝。

在你能接受问题、处境之前，你无法如实接受自己，你不能够真切地坐禅。若你能使自己的心平稳沉静，信任佛陀，并且只管打坐，那么你将不会再有任何的迷惑或问题。当你有足够的耐心，而且能等待，直到那问题对你呈现出意义时，你便能够欣赏你在此处的存在和位置，不论如何，那是你修习坐禅之道。

在你修习坐禅的时候，没有必要期待佛陀来解决你的问题。佛陀已经在帮助你了，但是通常我们会拒绝佛陀所提供给我们的帮助。当你要求援助，你是在要求那还未到来的事物，你其实是在拒绝接受你本来就有的珍宝。你像只小猪仔。小时候，我的父亲很穷，他养了几头猪。如果你给猪仔一桶猪食，只要你还站在那里，它们是不会吃的，它们期待你给得更多。若你太快离开，它们会踢倒装着猪食的桶子，追着你跑，所以你要非常小心。

我想这是你们在做的事。不去应对你的问题，反而去找寻其他的事物，因此让自己产生了更多的问题。没有必要去寻觅任何事，你已有充分的问题和麻烦，刚刚好足够。这是一件神秘的事，是生命的神奇。我们恰好拥有足够的问题，既不太多，也不太少，所以无须去祈求他人的帮忙。

如果你有足够的耐性，如果你够坚强去接受问题，然后你能沉静、平和地打坐，信任佛陀，信任自己的存在。因为你受到支援，因为支援你的方式是完美无缺的，所以你存在于这里。太多或是太少，你都将死亡。你只是在接收刚好是你所需要的。因此，唯一之道，即是相信佛陀，相信你在此地的存在，那便是我们所称的“禅”。

你也许认为所有的禅师都太严苛了。在你需要他严格的时候，他看起来很严格，但是他并非那么严苛——仅仅是对你有恰如其分的严苛罢了，只是如此！事实上，如果你知晓如何修习坐禅的话，你并不需要老师。

我希望你们只是打坐，并准备好前去市场，好像是熟透待沽的苹果。让我们全然欣赏我们的修行，好好地打坐吧！

日面佛，月面佛

“日面佛是好的，月面佛也是好的，不管它是什么，都是好的——一切事物皆是佛。甚至，那里并无有佛的存在呢！”

最近我经常卧病在床。因为我修习坐禅多年，有的人或许会说：“他应该是不会感冒或被传染到流行性感冒的……但他躺在病榻上好几天了，是不是有点奇怪呢？”我们也许相信坐禅将使得我们身体强壮、心理健康，但是“强健的心灵”，并不只是一般所谓的健康之意；虚弱的身体，也非仅只是虚弱的身体。不论是孱弱或强壮，当那是基于我们所称的真理或佛性之时，便是一个健康的心灵和强壮的身体。

我的声音或许还不够有力，但今天我要尝试一下。不论是否成功或我是否能开示，都不是大问题。不管什么发生在我们身上，皆是应该发生的事。我们修行的意义，即是拥有这样全然的沉静。

在禅门典籍《碧岩录》中，有一则关于马祖道一（709 ~ 788）的公案。马祖的体形硕大、身强力壮，有一次马祖生病了，照管寺院的主僧前去拜访他，并问他："你近况如何？你还好吗？还是不怎么好？"马祖回答说："日面佛，月面佛。"

日面佛的寿命据说活到一千八百岁，而月面佛则只活了一日一夜。当我生病的时候，我是那尊月面佛；然而当我健康时，我便是一尊日面佛。但是日面佛或月面佛并没有特殊意义，不论我是生病或是强健无疾，我仍然在修习坐禅。虽然我躺在病床上，但我是佛，所以不必担忧我的健康。

这是相当简单易懂的。不管什么事发生在马祖道一身上，他都能泰然处之，接受事物如其本然，但是我们不能接受每一件事。我们也许能接受那些我们以为的好事，然而，若我们不喜欢某事，就不愿接受它。而且我们会比较："他是位真正的禅师，而另外这一位却不是"或"他是一个很优秀的禅门子弟，我却不是"。这样的理解也许稀松平常，但是最后你将无法辨别哪一个想法更为可靠。

重点是去成就完全的沉稳平静。随着比较性的想法而有的一般性努力，不会帮助你。证得开悟的意思是指在生活里有全然的沉静，无有任何的分别心。但是同时，这不是说要执着于“无分别”的态度，因为那样也是一种分别心。

我在日本时有一些学禅的学生，其中有的非常富裕，具有影响力；其他的有学生、木匠或各行工人等等。日本人对待市长或老师这类人，与对待一般人大为不同，他们和这类人交谈时，用不同的语法。但是我总是告诉弟子：“如果你是习禅的人，应该忘却你的职位、工作或头衔，不然的话，你不能以坐禅的真实精神来修行。”

当你打坐的时候，我会说：“不要思想。”“不要思想”的意思，是说不要以好或坏、重或轻的方式对待事情，只要接受事物如其本然的状态。即使你不想，你或许会听到一些声音；通常在你听见的那一刹那，你的反应是：“那是什么？”“那是一部汽车”“那真吵，也许是一辆摩托车。”

坐禅时，你应该只是听见大小声音而不被干扰。看来好像不可能，特别是对初学者，因为那一刻，当你听见了，反应作用就接着产生。但是，若你修习坐禅，如果你继续只是去接受事物如其本然，最后，你将能够做到这样。你能如此去做的方法，是专注在你的姿势或呼吸上。

日本武士修习坐禅，以驾驭其剑。只要他惧怕丧失性命，就不能以全部力量来行动。当他从杀或被杀的念头中解脱时，他就可以从对敌人的一举一动做出反应而达到胜利。如果他试着要赢，或许会失败。畏惧，限制了你的活动，所以修习如何无畏地行动是一件最重要的事。虽然在战场上这关乎存亡，但武士的战斗是在禅堂中。

我们每天的寻常生活没有那种情境，因此我们不觉得有同样的必要性来修禅。然而，人的问题之所以产生，是因为我们努力要达到某事，而这限制了我们的行动，所以我们不能够达成任何事。

我们应以两种方式来理解每天的生活，并且可以毫无疑问地用任何一种方式来反应。首先，是相对性地了解——好或坏，对或错——然后，我们尽力以这些条件去理解事情。然而，我们也应该可以放下这相对二元的理解，于是所有的一切皆为一。那是另一种了解，对“一体”的了然于心。

所以，你应当能够用这两种方式来接受事物，但是这还不够，这仍是二元对立性的。不去想“这是两种理解方式中的一种”，你有从一种方式转移到另一种方式的自由。于是，你不再被你的理解所限。不管你做什么事，都将是修行的伟大行动。

日面佛是好的，月面佛也是好的，不管它是什么，都是好的——一切事物皆是佛。甚至，那里并没有佛的存在呢！当你不理解佛陀，你会顾虑到我说没有佛陀：“你是一位僧众吧，你怎能说没有佛呢？你为什么诵经，为什么向佛顶礼呢？”因为没有佛，所以我们向佛顶礼；若你向佛顶礼是因为那里有尊佛，那不是对佛的真正理解。日面佛、月面佛都没有问题。不论我在塔撒加拉或在旧金山的禅中心，都没有问题。即使我死去了，对我没有问题，对你亦然；如果有问题的话，那你不是禅门子弟。完全没有问题的，那即是佛。

如果我在濒死之际受苦，那是受苦佛，其中无有迷惑。或许每个人因为肉体或精神上的极大痛苦，会在临死前挣扎，但那没有问题。我们应该对于你或我所拥有的这个有限的躯体抱持感激之心，如果你有无限的生命，对你来说，将成为一个巨大的问题。

我夫人最喜欢的电视节目里，有一些长久以前逝去的鬼魂，他们出现在世上，为自己和别人制造许多麻烦。那是必然发生的状况。人就是人，我们只能以有限的身躯来享受生命。这一限制是核心要点。若无界限，无有一物能存在，所以，我们应享受我们的身体：虚弱的身体、强健的身体、男身或女身。享受生命的唯一法门，是去享受我们所被赋予的限制。

“日面佛，月面佛”，不是指要变得冷淡、漠不关心：“我不在乎究竟是日面佛，还是月面佛。”这是指不管是什么，我们都要去享受。这也是超越“不执着”，因为当我们的执着到达不执着的那点时，那是真正的执着。如果你执着于某事，就完完全全地、彻彻底底地执着于它。日面佛，月面佛。“我在此处，我就在此处。”这种自信心是非常重要的。当你对自己、对你的存在怀有这样的信心，你就能够修行真实的坐禅，超越完美或不完美、好的或坏的。

初心

如蛙之禅坐

“青蛙正是我们修行的好例子。当你修行了相当长的一段时间，你会发笑的，部分是针对那些涉及错误修行观点的人，部分是针对自己，你总是坐着，不做任何事，也没有多少进展。”

最近我在一本日历上看到一幅仙崖和尚（Sengai）的水墨作品，他画了一只青蛙，上面所题的字是：“如果我们能经由坐禅而成佛……”他并没有说更多，但是我们可以想象这只青蛙在想什么：“假如人们能经由禅坐修行而成佛，那么我也可以成为一尊佛了。”我们之中对修行略有了解的人，当见到某些人企图以坐禅成就开悟时，我们或许会想：“喔，他坐得真像只青蛙呢！”

实际上，青蛙打坐的方式比我们的坐禅好多了。我总是钦佩它们的修行功夫。它们从不昏沉，眼睛总是睁开着，并且用合适的方法直觉行事。当可食用的小生灵经过，它们“咕噜”地叫着，从未错失任何目标，总是保持沉着冷静。我希望自己可以成为一只青蛙。

若是你领会到仙崖和尚在他的青蛙图里所要表达的，你已经理解禅是什么了。在他的图画中有不少幽默以及对修行的良好理解。即使我们的修行不比青蛙好，我们继续打坐。当你修行了相当长的一段时间，你会发笑的，部分是针对那些涉及错误修行观点的人，部分是针对自己，你总是坐着，不做任何事，也没有多少进展。你会嘲笑自己。当你能够嘲笑自己时，那是开悟。

你的禅修仍然只是初学者的坐禅，有时甚至比初学者还糟糕。有时候当我见到一个学生修得很好，我觉得相当羞愧：“喔，他真是好极了。”我希望自己能再度那样年轻，但是已经太迟了。无论如何，我们修习打坐没法比青蛙更好，但没有关系。看见某个人精进修行，坐禅坐得好，是很具鼓舞作用的，不只是对我，对每个人都是。如果你的坐禅够好，给予人深刻的印象，那么你的坐禅功夫颇佳，即使你并不这样想。同样地，虽然你认为自己的坐禅非常了不得，你对自己的开悟经验感到很骄傲，但若你的坐禅无法鼓舞任何人，那也许是错误的修行。

当我们谈论戒律，我们说不要做这或不要做那，但是如果你在做某件好事比如坐禅，你不能在同一时间也做坏事。若你持续地去做，便是遵守我们的戒律之道。所以重点是只管打坐，忘却声名或利益，只是为了坐禅而打坐。那即是有一颗真正的求道之心，寻找你必底深处的欲望。

有求道之心的修行会磨砺你的直觉，然后你在选择上将有较少的困难。做决定时，你试着了知什么是好的，什么是坏的，所以通过互相比较，你可以购买或得到某件优良的物品。也许你努力要从各式各样的颜色、材质的布料中反复挑选，但即使花了两三天，最后你或许挑了一块并不适合你的布料。你再回那家布店，幸运的话，他们将让你退还并更换其他物品。

不要说这种修行是无用的，这实际上是迈向坐禅之道的第一步。如何有良好的修行，与如何为自己购买合适的物品是一样的。当你不过度地卷入其中疯狂采购，你会买到适合的东西。

当你知道怎样运用直觉的秘密，你的行为会从各种的约束中解脱，而你也会在每天的生活里找到你的途径。直到你了解为什么要修习坐禅，以及什么是实际真正的行动、直觉行动，从各类的欲望和约束中解脱之前，要领会到什么是好的修行是很困难的。然而，持续修行下去是好的，一点一滴的，在不知道如何得到那种直觉行动的状况下，你将得到它。所以，修习某一些艰难而特别的方法，非常愚蠢。禅的修行已经很困难，而只有经由坐禅修行，许许多多的大师获得了——没有其他的字眼，因此我说“获得”——开悟，而成为真正的佛陀。

若你理解正确的修行，那么弓道或其他活动也是禅。如果你不知道如何以弓道的真义来修习，即使勤奋练习，你所学到的不过是技巧，不能彻底地帮助你。也许你能不费力地射中靶心，但是若无弓与箭，你不能够做任何事。假如你理解修行的要点，即便没有弓和箭，弓道会助你一臂之力。你怎么样得到那种力量或能力，只能透过正确的修习。道元禅师说，要有正确的修行，须有一位好老师，并且接收正确的指导，不然，你是不会理解禅的。

只要继续进行着正确的修行或基础的修行，就是最重要的事了。

人就是人，我们只能以有限的身躯来享受生命。这一限制，是核心要点。若无界限，无有一物能存在，所以，我们应享受我们的身体：虚弱的身体、强健的身体、男身或女身。

编后记

几年前，旧金山禅中心邀请我整理铃木禅师的演讲。一开始我相当犹豫，因为我从未认为我对禅师的言语有任何独一无二或特别的理解；最后，我决定去信任他人对我的信任。

我从阅读禅师演讲的誊录稿开始，并拣选那些吸引我的篇章。我的目标并不着重于累积禅师不同教法的佳例，而是挑选一些有启发性的——通常集中于某一特定的形象，不论那是一只青蛙，一只乌龟，或一头大象；不论它有关糙米或大地，有关真挚或专注。然后，我一点一点地开始编辑整理，这个过程非常缓慢。我很早就下决心要保存每一独立篇章的完整性，而不作剪剪贴贴的工作。

首先，我作了一些微细的改动，比如删掉“嗯”和“你知道的”这些地方，以及铃木禅师也许在开始进入所要陈述的主题之前重复两三次的话，使其成为一个单句。

我也删除了累赘的部分，因为在实际的演讲时重复说明是很有用的，但变成文字稿，读者可以反复地阅读他们第一次遗漏的部分。第三次编辑时，我使得讲稿的结构更为紧密，同时有意保留铃木禅师运用语言时的特质——“应该”和“必须”；许多的“这种的”，如“这种的修行”或“这种的理解”；以及转换许多的“你们”和“我们”等时态的改变；还有他使用频繁的“某些”（some），改成通常指称的“一个”。

虽然我想要尽可能地维持铃木禅师的语言特点，最后我仍然删掉了他大量的日本口语，使它们更接近于一般的英文惯用语法。例如，有不少“应该”的语句改成“你”开头的语句或简单的祈使句，如“你应该觉醒过来”改成“觉醒过来”。在深入这一修整步骤之前，我开始和另一位铃木禅师的弟子宗纯·梅尔·卫兹曼（Sojun Mel Weitsman）合作。我们一起阅读了全部讲稿，弄清了其中对“我们”或“你们”的用法，使动词时态标准化，并加入适当的冠词等。再次，我们企图尽量维持铃木禅师的语言，但因为我们的目的在于清晰度和可读性，所以希望没有因此而牺牲了他讲说的内容。

由于我们共同编辑，当我们两人皆同意改动某一点时，给予我们信心继续工作下去。而我们也发现，对于如何呈现这本书的材料，我们分享着类似的敏锐度。

后来更多的人阅读了书稿：玲达・海思（Linda Hess）、卡洛・威廉姆斯（Carol Williams）、萝莉・莎蕾（Laurie Schley）、诺曼・费雪（Norman Fisher）、迈克・温格尔（Michael Wenger）、麦克・凯兹（Michael Katz）。在每一次审阅之后，我会考察他们所提出的编辑建议，然后梅尔和我会再次详阅，决定是否要给出回复，或作出反应。再度强调的是，我们的意图是要保持禅师的语气，并且做最低程度的“修改”或“澄清”。有时候我们无法回答某些意见，像是“这里不清楚”或是“我不明白这一点”。最好的方法，似乎就是让读者自己去沉思禅师的用语。

现在这个过程已经接近尾声，我了解到最后的结果与原先的誊录稿相当不同。我认为我们已公道地对待了本来的演讲词，但是尽管我无法对我们的努力作出独立的评断（而铃木禅师也不止一次地提议，一种客观的门径也许不见得特别有用），我很肯定的是我（以及梅尔亲切和慷慨的协助、支援）的确以关注和小心来进行此项工作，缓慢地，一步一步地。如果有人想研究未经任何编删的讲稿版本，在禅中心的图书馆可以找到，而且我们最终或许会以那种形式来出版。

在将铃木禅师的教法保留和呈现给大众时，我对他在我们学生身上所做的弘扬佛教的努力，感到有所自信。然而，如果有任何的错误、疏失或不连贯之处，我担负其责。我相信读者将是宽大的。

任何加入的注解，并非来自铃木禅师原本的话语，我以括号表示。

书稿中有一些铃木禅师使用频繁的日本字，尤其是“只管打坐”（shikantaza）、“坐禅”（zazen）、“经行”（kinhin）、“接心”（sesshin）、“禅堂”（zendo）——没有用斜体字。对这些词汇的简明解说放在前言中。其他的外国语词则用斜体字标出，并在内文中作了解释。（编按：翻译成中文时未保留英文。）

也许我前一本书《塔撒加拉面包书》（*The Tassajara Bread Book*）的经验，毕竟是有用的。早先此书在 1970 年出版，当我在 1985 年重新修订此书时，发现自己竟不自觉地以铃木禅师的英文语法写下了整本书：“把面包放在木板上，以手揉捏。”由于和一群学生经常与铃木禅师朝夕相处，无意中我学会以他的方式说话，不知不觉地遗漏了大部分的冠词和代名词。15 年间没有人对我提起这件事，因此我决定把冠词和代名词放进去：“把面包放在木板上，以你的手来揉捏它。”此后又经过 15 年，还是没有人向我表达任何意见。该怎么做？哪一个语法较正确？

或更为直接？或者这只是一种说话的习惯。如果我或铃木禅师知道怎么说会更好的话，我们会更正的，我并不确切知道。然而，我已经跟随了我的心以及我对禅师和他教导的爱意而行。

寿山海宁

（爱德华·艾思比·布朗）

2001 年 5 月

版权合同登记号：图字：30-2014-032 号
图书在版编目（CIP）数据

禅者的初心 . 2 /（日）铃木俊隆著；蔡雅琴译 . --
海口：海南出版社，2015.12（2023.4 重印）
书名原文：Not Always So
ISBN 978-7-5443-6224-5

Ⅰ . ①禅… Ⅱ . ①铃… ②蔡… Ⅲ . ①禅宗 – 通俗读物 Ⅳ . ① B946.5-49

中国版本图书馆 CIP 数据核字 (2015) 第 219039 号

禅者的初心 2
CHANZHE DE CHUXIN 2

作　　者：［日］铃木俊隆
译　　者：蔡雅琴
责任编辑：张　雪
执行编辑：张宏伟
装帧设计：黎花莉
责任印制：杨　程
印刷装订：三河市祥达印刷包装有限公司
读者服务：唐雪飞
出版发行：海南出版社
总社地址：海口市金盘开发区建设三横路 2 号 邮编：570216
北京地址：北京市朝阳区黄厂路 3 号院 7 号楼 101 室
电　　话：0898-66812392　010-87336670
电子邮箱：hnbook@263.net
经　　销：全国新华书店经销
出版日期：2015 年 12 月第 1 版　2023 年 4 月第 11 次印刷
开　　本：787mm × 1092mm　1/16
印　　张：14.25
字　　数：115 千字
书　　号：ISBN 978-7-5443-6224-5
定　　价：39.80 元

Not Always So: Practicing the True Spirit of Zen
by Shunryu Suzuki [illegible]
Copyright [illegible]
[illegible]
Published by [illegible] HarperCollins [illegible] USA [illegible]

[illegible]

版权合同登记号 [illegible] 30-2014-0[illegible]号

图书在版编目（CIP）数据

[illegible]
[illegible] 2016.12 [illegible]
[illegible] Not Always So
ISBN 978-7-5443-6224-5

Ⅰ. [illegible] Ⅱ. [illegible] Ⅲ. [illegible]
Ⅳ. ①B946.5-49

中国版本图书馆CIP数据核字（2016）第2[illegible]号

禅者的初心 2

[illegible]

[illegible]
[illegible]
[illegible]
[illegible]
[illegible]
[illegible]
[illegible]
[illegible]
[illegible]
[illegible]
[illegible]
电　　话 0898-[illegible]
[illegible]
[illegible]
[illegible]

[illegible]
[illegible]
[illegible] ISBN 978-7-5443-6224-5
定　　价 [illegible].80元